师爱的
智慧与艺术

激活内在动机的56个育人故事

高 琼 孙 婕 谢开源

编 著

东北师范大学出版社
NORTHEAST NORMAL UNIVERSITY PRESS

图书在版编目（CIP）数据

师爱的智慧与艺术：激活内在动机的56个育人故事 /
高琼，孙婕，谢开源编著. -- 长春 ： 东北师范大学出版
社，2023.10
ISBN 978-7-5771-0666-3

Ⅰ．①师… Ⅱ．①高… ②孙… ③谢… Ⅲ．①教育工
作 Ⅳ．①G4

中国国家版本馆CIP数据核字（2023）第201705号

□责任编辑：于天娇　□封面设计：书道闻香

东北师范大学出版社出版发行
长春净月经济开发区金宝街118号（邮政编码：130117）
电话：0431—85690289
传真：0431—85691969
网址：http://www.nenup.com
杭州书道闻香图书有限公司制版
杭州万星印务有限公司印装
杭州市余杭区星桥街道星二路72-1号（邮政编码：311199）
2023年10月第1版　2024年1月第1次印刷
幅面尺寸：170mm×240mm　印张：14.5　字数：235千

定价：56.00元

前　言

师爱是教师的一种高尚的道德情操,是教育的灵魂,是教师魅力的源泉,是教育的前提,"教育之没有爱犹如池塘之没有水,没有爱就没有教育"(夏丏尊语)。伟大的师爱对一个人的影响是终生的。孔子有仁爱的思想,墨子有兼爱的思想,而教师对学生的爱,是这满天星星中独一无二的一颗。苏联教育家马卡连柯曾经说过,没有爱就没有教育。那么,教育中的爱到底是什么?是老师用自己的一腔热血教育他们的莘莘学子,费尽心血,含辛茹苦,它是教师的一种职业道德修养。具备这种职业修养的教师,把自己的学生都看成一个个"正在成长的生命",因而能感受到责任的重大和使命的光荣,相信每个孩子都能成为一个有用的人,善于跟他们交朋友,感觉跟孩子们交往是一种乐趣,从而关注孩子们的快乐和悲伤,了解孩子们的心灵,和他们进行平等的对话和沟通,成为孩子们最可信赖的朋友和引路人。

教育中没有爱是不行的,但只有爱是不够的,师爱还应该充满智慧。教育是一种智慧,需要教师运用自己所有的力量为学生提供进步的机会与空间。教师对学生的爱不能起于心而止于口,应该让学生体会到教师的爱,正如魏巍念小学时用石板迎住老师轻轻敲下来的教鞭便悟出"她爱我们"一样,教师要善于运用自己的教育智慧和机智让学生真切地感受到教师的爱,学生便会自然而然地将这种爱反馈回去,从而形成爱的双向交流,学生会自愿与教师合作,会情不自禁地向教师袒露自己的思想,倾诉心底的秘密。"水激石则鸣,人激志则宏",相信在这种状态下,什么教育问题都会迎刃而解。如果班主任们能像医生那样,对学生做到望其态发现问题,闻其声倾听心声,问其心呵护心灵,切其脉有效引导,就能够像一个医术精湛的老中医那样,修炼出一种"望闻问切"的班级智慧管理理念。

"爱是一门艺术吗,"弗洛姆说,"如果爱是一门艺术,那就要求想要掌握这门艺术的人有这方面的知识并付出努力。"这句话的要义在于"艺术"。作为教师要将这门艺术演绎得更精彩，就要懂得怎样去正确地爱学生。教育家陶行知曾言："你的教鞭下有瓦特，你的冷眼里有牛顿，你的讥笑中有爱迪生。"作为老师，既要关心学生的学习，更要关注学生与赏识学生。美国著名的心理学家詹姆斯曾经说过："人性中最深切的本质就是被人赏识的渴望。"学生是一个活泼的生命个体，他们有自己的思维与追求，他们比大人更希望得到他人的信任与赏识。没有爱就没有赏识，没有赏识就没有教育。赏识可以影响甚至改变人的一生。不是好孩子需要赏识，而是赏识使他们变得越来越好；不是坏孩子需要抱怨，而是抱怨使他们变得越来越坏。每个教师都会有自己爱的方式和内容，要懂得正确爱孩子，才能让学生懂得你的爱，育人先育德，育德先育心。

　　浙江师范大学附属杭州笕桥实验中学（笕文实验学校）一直倡导激活每一个孩子的内在动机，主张以"内生德育唤生命自觉"，"内生"即教师将自己的生命与学生的生命成长建立起自然的内在关联，师生互相温暖，彼此照亮，将每个孩子都看成天生的学习者，以学生为中心，给学生更多自主修炼、自我成长的机会，把德育内化为学生自身成长的动力，为成长筑牢坚实的价值底座，让生命自觉成长为最真实美好的样子。为此，笕实（文）创设"思想政治、道德品质、社会与情感能力"多维度德育课程体系，开展助力内生的班组文化、博约文化节、三感教育，在德育体系的建构下，开设快乐四点半、欢乐笕十二的课程活动，实施点赞式评价，达成人文长润、个性竞放的目标。对于教育者而言，教师能够给予爱的能量，能回应孩子对爱的基本需要时，这是生命活力的一种表达，是个体人格整体的展现，是个人潜能的实现，由此获得满足感和幸福感。教师在激活自己生命活力的同时，也唤醒了孩子的生命活力，建立起孩子对世界和人的信任。所以，师爱达成的正是在互相"唤醒"中彼此成就。

　　本书立足于真实实践，汇集笕实（文）的教师智慧，以其独特的内涵与特色，力求能为新时期德育工作提供一些参考，共同寻求育人新路径。本书特色如下。一是立足研究，求实创新，科学性强。笕实（文）以"根植于中国的土壤、成长为世界的风景"为办学愿景，秉持"全视野教育"思想，为每一个孩子的可持续发展服务。历经十五年，培育出独具特色的内生教育理念，学校积极探索大思政视域下德育发展路径，提出"内生德育"应聚焦育人本质，培育时代新人，积聚能量，建设德育高地。

二是内容丰富,语料真实,可操作性强。书中所及育人故事,以创新的意识、通俗易懂的事例,理论与实际相结合,用生动的笔触演绎出现实师生相处现状,讲述了教师从最初的迷茫和困惑到逐步形成独特的教育方式和理念的过程,以及他们的教育方式为学生带来的积极影响,并以班主任视角看待学生行为表现,思索智慧性育人办法,在案例中体现育人真知。这可谓是充满温情和智慧的教育读物,汇聚了觅实(文)人的育人心路历程和育人智慧,是"师爱文化"的精华汇集,展现了从教师、家长到学生的广阔视野和深刻认识,更有对于"师爱文化"内涵的深挖和解析。其也可以看成一个教育共富圈,一个教师交流平台,旨在让教师们互相学习和分享经验,更好地了解自己的教育方式,并从案例中汲取灵感和启示,充分体现教育的共享和共赢的价值。

师之可为,唯爱有方。漫漫育人路,践之终至,愿"师爱"之书,可铺德育之径。

序

　　建设教育强国的目的和关键是培养一代又一代德智体美劳全面发展的社会主义建设者和接班人,是在教师队伍专业化水平不断提高的背景下,每一个学生都得到充分的个性化的发展,是教育者和受教育者的共同成长,也是教师育人智慧与艺术的不断提高。

　　提高教师的育人智慧与艺术,可以提升教育的幸福感。

　　教育是关于人的复杂系统,教育是育人的事业。当下,信息技术发展日新月异,在知识迅速迭代、技术快速更新的同时,我们不能让"知识输出"压过了"静待花开",要防止技术至上的"冷"技术统计,让爱的阳光始终普照儿童心田。孩子们需要的始终是点滴的成就感与幸福感,教师的育人智慧与艺术终究是无可取代的。

　　教师的育人智慧与艺术比狭义的教师教育技能、成绩的迅速提升更重要。耐心、爱心、同理心与独到的智慧是一位成熟的教师最难能可贵的财富。一个优秀的教师应该能给予学生真诚的关心和爱护,能够感知到学生喜怒哀乐的多样情绪。正如康德所言:"人只有通过人,通过同样是受过教育的人,才能被教育。"无论是三尺讲台之上的传道授业解惑,还是人生路上的诗与远方,教师应始终将"德性内生"外化于行,内化于心,将其作为教学的内在价值。如此一来,学生就会感觉到被教师的爱深深包围着,幸福共生。

　　优秀的教师应当持有开放、包容的眼光去关注孩子所处的社会与整个世界,在家校社协同育人中凝聚合力,在复杂的系统中培养孩子的责任感、协作能力与交往能力。成绩好、智商高,或许可以上好的大学,但不一定收获事业成功和人生幸福。大量的长期的历史事实证明，社会与情感能力对一个人的事业成功和人生幸福具有决定性意义。在人工智能快速发展的当代社会，人的幸福感的获得和人生价值的实现，将更取决于社会与情感能力的发展水平。因此，促进孩子的社会性发展具有深远意义。

教师的育人智慧与艺术，是成就学校发展的心阶梯。

教育的任务是塑造美好的人性，培养美好的品格，使学生拥有美好的人生。教师是教育的关键，谁站在讲台前，谁就决定着教育的品质，决定着孩子的命运。学校的发展也取决于教师的素质和水平。

"在家门口上好学校"是老百姓最朴素也是最直接的愿望，这一愿望的真正心理折射的是老百姓对优质师资的无比渴望。党的十八大以来，党中央坚持把教师队伍建设作为基础工作。教师承载着传播知识、传播思想、传播真理，塑造灵魂、塑造生命、塑造新人的时代重任。落实立德树人根本任务、培养时代新人，归根结底需要依靠广大人民教师教书育人的智慧实践与"学高为师，身正为范"的榜样引领。

我们应当充分认识到，实现教育共富，推动高质量教育体系建设，促进中国式教育现代化，建设教育强国，离不开一支师德高尚、业务精湛、充满生机活力的高素质专业化创新型教师队伍。努力打造学校与教师的命运共同体，让校园静下来，让老师慢下来，不再为了成绩"折腾"，而是让老师看见人，看见生命。当教师看到了人和生命，一所学校便有了温度，才能实现可持续发展。没有爱与智慧的教师，也就没有有温度的学校。

"做有温度的平民教育"是浙江师范大学附属杭州市笕桥实验中学一贯的教育主张。近几年，我曾几次走进笕桥实验中学，高琼校长和他的团队历经十几年持续探索，打造出具有一定影响力的"内生课堂"并获得了第三届国家教学成果奖，高校长说教育不是要把篮子装满而是要把灯点亮，教育就是要激活每一个孩子的内在动机。而激活一个人内在动机的核心要素就是要形成众多的"联结"，包括情感的联结、活动的联结、课程的联结。在众多的联结中，一定会出现许多鲜活的案例、感人的故事、优秀的策略等。本书就是这些动人故事的典型代表，师爱育人，一个个鲜活的育人故事正是当下基础教育最需要的养分，在教师的育人智慧与艺术背后，我们看到了"内生力"正在学生内心悄然生长。如果有一天,每一所学校所培养出来的孩子都知道我什么方面是最好的,那么这个孩子的创造性和个性才能真正得到尊重和发展,"育人"也才是回归了最本真的模样。

相信此书的精彩育人故事能够成为学校高质量发展的精神底蕴和强劲动力。

（作者系华东师范大学终身教授、中国教科院原院长）

2023年6月25日

目录

第三篇章　相与有成

第四篇章　问题转化

第五篇章　带班方略

第六篇章　家校协同

第一篇章　内生趋力

"多动"男孩也有春天

熊 欢

一、常规方法 南辕北辙

接班的时候我从同学口中得知昊昊是一个特别好动的孩子。开学没几天,因为与同学争抢吸铁石,他把工具间的玻璃门打碎了。后来他又因上课上到一半坐在地上,被老师批评之后,与老师起冲突。小组长多次提出不想和他同组,而其他小组的组长又不愿意接受他,甚至有家长向我投诉能不能不要把昊昊放在自己孩子旁边,因为他实在是太吵了!

对于他,我以为走心的交谈是最好的方法。每天找他谈心,罗列一天下来他的问题,教他如何改进,甚至晚餐他因为出去打篮球没有及时拿到水果,我还特地去食堂给他拿水果,企图通过行动能走近他、感化他。

可是事与愿违。他不仅没有被感动,还组建了一个群,加入了年级别的班级同学,发布一些班级负能量内容。于是,我决定与家长会面,借助家长的力量寻找他"多动"的原因。他母亲说:"昊昊以前诊断有轻微的注意力缺陷多动障碍,因为专业治疗干预比较早,现在情况好很多。他说你天天找他的问题,是在针对他。"听到这里才意识到,我一直抱着发现问题、解决问题的态度对待昊昊,不仅没让他感觉到温暖,还让他觉得像一根根芒刺一样,直戳痛处。

二、正向引导　撬动支点

接下来我决定转变思路,正向引导昊昊。一天,科学刘老师不小心被工具间的门闩给划伤了大拇指,昊昊变戏法一样从书包里拿出工具,把门闩修好了。

于是,我借这个契机奖励他:带他去看时下热映电影《长津湖》。因为暑假家访的时候,我看到昊昊家的大门上挂着"光荣之家"的铁牌子,有"光荣之家"牌子的家庭,一定为了国家做过很大贡献的。电影《长津湖》就是讲中国军人的。我想借这部电影给他渗透他身上所欠缺的军人精神——自律、自治。电影中播放美军看到中国军人冻僵在冰天雪地,像冰雕一样依然保持着战斗队形,他们感叹"这不是人能够做到的,只有神才能干成的。中国军人,是一个个打不败、拖不垮的神!"的片段,我偷偷地瞟了一眼昊昊,他眼中闪烁着泪光,他破防了!看完电影,昊昊对我说:"老师,从来没有人奖励过我,更不用说请我看电影了。小学的时候,因为自己多动还受到年级处分,后来对处分也就无所谓了。现在觉得自己很丢家人的脸,没有能像爷爷和爸爸那样,有军人的自律。"于是,他决定把老师给他制定的课堂规范备忘录粘贴在课桌上督促自己。

三、爱心帮扶　搭建阶梯

第二天,昊昊再也没有随便在课堂上离开位置了。为此,我在全班同学面前肯定了他的表现。昊昊似乎尝到了被家长和同学们接纳的甜头,主动提出想当班委,我本想他纪律差,就让他管纪律吧。但事实证明我还是失败了。昊昊光有改变的想法,但是没有改变的能力。于是我用接纳教育三部曲帮他摆脱挫败感。

第一部曲:列出优劣表,协助昊昊自我诊断,如何转换劣势,发展优势。第二部曲:同伴帮帮团。我找了一个和昊昊能力差不多的小博,先在

接纳教育三部曲
1.个人优劣分析
2.同伴帮帮团
3.心理支持策略

班级造势,然后将小博推荐到年级自管会,让他名副其实地成为官方认定的管理者,得到大家认可之后上岗。让昊昊配合着新上任的纪律委员小博,作为纪律委员的小助理,没想到他还是有些"内卷"起来了:昊昊开始复制小博的成功经验。第三部曲:各方心理支持策略,接纳昊昊的弱点。对于不愿意自己孩子坐在昊昊身边的家长,我告诉他们昊昊多动只是自己管不住自己,并不是道德问题。对于孩子,能够学会接纳不同人对于他们成长也是有利的。让任课老师稍微降低对昊昊的要求,多鼓励他,让他建立与老师之间的信任感。

四、静待花开 释放潜能

昊昊当纪律委员并不是一帆风顺的,有同学说他经常不在教室待着,一下课就在操场上跑。既然昊昊的精力旺盛,我决定顺势而为,让他在小组吉尼斯比赛中大显身手。在赛场上他拼尽全力并赢得了雷鸣般的掌声,班级总结会上昊昊说:"我从来没有想过,自己站在讲台上不是被批评,而是接受大家的表扬。"这场比赛昊昊收获了很多来自同学真诚的赞许,他变得自信了!

昊昊平时喜欢说网络热词,他自发地把平时收集的网红语言变成正能量语言,写在黑板的上方。每天早上都能看到高高个子的昊昊,在黑板最上方写下一句心灵鸡汤,同学们阅读到他摘录的文字,不仅激励自己,还可以作为写作的素材。这件事很小,但能看到孩子受到认可之后的用心。

用正向引导的精神渗透,付出良心和真心;用搭建梯度的同伴力量,体会苦心和暖心;用挖掘长处的方式释放潜能,感受用心和尽心。

后 记

在昊昊的身上,我找到了接纳、尊重孩子的特殊性的教育契机。因为接纳不仅适用于昊昊,还适用于我们班其他特殊群体,如有人际交往障碍、心理问题等的学生。一把钥匙开一把锁,孩子的特殊性得到了接纳,我们才能走进他们的心里。

孩子，慢慢来，比较快！

江彩丽

　　"同学们，快一点，快一点，预备铃声已响了，我们马上上课了……""快一点，快一点，我们班今天大课间下楼晚了一分钟……"我本不是一个急性子，也没有强迫症，但是，这几年的班主任生活，让我做什么都在"快一点"中完成。不"快一点"，学生的成绩分析就要晚了；不"快一点"，下件事情一到来，我可能忘了正在进行的这件事只做了一半。"等一下老师。""老师，等一下，还有两个单词我马上写完了。""老师，等一下，我还没收好书包……"

　　生活中，当"快一点"老师遇上"等一下"同学，会碰撞出什么样的火花呢？当面对孩子"等一下"这一难题，我们总想"快一点"，怎么破？我们怎么跟"等一下"孩子在"过招"中"双赢"呢？

　　伴着放学的铃声，同学们归心似箭，收拾好书包来到校门口。看着一张张稚气可爱的笑脸，我眉头舒展，大步走回教室，想抽查教室的卫生情况。"咦，你怎么还在这里？""等一下"同学低垂着头，不断地往书包里塞东西，她小声说着："我……我……我的书包关不上了。"说着，继续往书包里塞书、本子、笔袋、水壶。"快一点，宝贝……"我边递给她落在椅子上的外套，边催促着。"我想跟上大家，可是大家收拾书包时我在记家校本，我想把作业先记好……"话音刚落，两行泪水挂在脸上。我心里明白了，她是一个愿意把事情都做好的孩子。作业是上午就布置在黑板上的，她放学时才开始记，这可有点拖延症，这个孩子总是在"等一下"。于是，"快一点"老师和她开始"过招"——

第一招：换位而处

任教第一年，总是要"快一点"的我不停督促"等一下"学生，可是效果一般，甚至催促久了适得其反。第二年，我一反常态，不再去帮"等一下"同学收拾书包，而是打电话给孩子爸爸，让爸爸晚一个小时来接送，并提前和爸爸说好我的计划。在打完电话，得到家长支持配合后，我开始观察记录孩子的行为和变化。和往常一样，"等一下"同学焦头烂额地理好书包后，慢悠悠走到校门口，却意外发现，校门口那个熟悉的脸庞没有出现。于是，她继续等待。5分钟、10分钟、20分钟……左顾右盼，四处张望，在观察区我发现在孩子焦急地等待了半个小时后，她的爸爸才姗姗而来。而这半个小时就是爸爸每次来接她时，她耽误爸爸的半小时。这次，她明白了"等一下"带给身边人的后果。于是，她明显地更遵守放学时间了。在这次家校"配合表演"后，她一到放学要"等一下"的情况明显改善了，但事情的发展并没有那么顺利。

第二招：以退为进

下课铃声响起，我抱着听写本大步走出教室。"今天的听写上交有进步，没交的孩子今天不用交了，下次记得按时上交就好。"趁两节课的间歇，我改完了两个班的听写，并在家长群和班级表扬了听写全对的、在昨天基础上进步了的、按时交了的孩子。这时我发现"等一下"同学听后耷拉着脑袋，有些失落。下课后，她神情恍惚地走出教室。我轻声问了句："你怎么了呢？"她随着我的脚步，来到办公室："老师，我听写是全对，您看，一个都没错。""全对呢，真不错！如果你上午按时交的话，我肯定会表扬你。这次太可惜了！""等一下"同学瘪着嘴，低着头说："下次我一定按时交，您看，一个字都没错，您看，一个字都没错！"在那之后，她听写按时上交的次数越来越多。我的脸上也露出了满意的笑容。

第三招:宣之于众

　　每次她早早到校,我都会微笑肯定;每次她按时交听写,我都会竖起大拇指;每一项事务按时完成,我都会找机会在班级公开表扬。这让"等一下"同学备受鼓舞,每天都自信满满,与之前判若两人。与此同时,我还与她做了约定。三个点赞换取一个小心愿。这学期,她的心愿卡越来越满了。她兑换了免作业券、家长表扬信、免跑券、绿色通道干饭券。就这样,在我们的一来一回的"过招"下促进了她的成长,"等一下"同学减少了"等一下"的次数。而我也发现,"快一点"也许是教育过程中教育者的一份焦虑,实际上是"慢慢来才比较快",这是内生力。至此,我要求"快一点"的次数也在减少。

　　教育家雅斯贝尔斯曾说:"教育的本质意味着,一棵树摇动另一棵树,一朵云推动另一朵云,一个灵魂唤醒另一个灵魂。"那么,伴有这份教育焦虑的教育工作者、家长朋友,同是天涯"摆渡人",每个孩子的花期不同,激发他们的内生动力——多鼓励、多给机会让他们自己试错,在不断试误中取得成就感,与家人、老师们多配合形成合力,相信孩子们年岁慢慢长大的同时,思想也会快快成长。我坚信,慢慢来,比较快!

"小霸王"到"守护神"成长记

何 晶

"小霸王"的下马威

小权(化名)是我班里的一位学生。身高145cm,体重40千克。他因为个头大,经常会有攻击性行为发生,上课不遵守课堂纪律,班上的同学渐渐也对其敬而远之。他被老师们列为"重点关注对象",活脱脱一个班里的"小霸王"。家长们多次向我反映孩子被小权欺负,我也曾多次对该生进行说服教育,也曾多次与其父母进行沟通,反映孩子在校的一些行为表现,但家长仍未重视。于是小权同学仍我行我素,为所欲为。作为一名新手班主任,面对这样的孩子,我有些手足无措。

"小霸王"惨遭集体声讨

一日,学校举行亲子运动会,集体广播操环节,大庭广众之下,小权与同学发生了肢体上的冲突,前面的同学因他的举动十分生气,于是我去批评了两句,小权接着又发起了脾气,拒绝做广播操。广播操结束后,我找到这两位同学问其原委,他却采取不理睬、拒绝沟通的态度。该同学的母亲见他不但没有道歉,还不接受批评,尤为生气但也就此作罢。但是小权的这一举动,所有家长皆已看在眼里,留下了不好的印象。

然而一波未平,一波又起。当晚,班级微信群里响声不断,一种不好的预感涌上心头。班级群里一位家长说小权又拿了孩子的东西,表示已经拿了很多次了,让小权的家长教育好自己的孩子。紧接着,群里的家长们都在声讨着对小权的不满,诉说着关于他的种种不良事迹……

力阻事件继续发酵

(一)安抚情绪,三方合力

事件发酵后,我立刻让家委主任在群里安抚大家的情绪。我则与两方的家长进行沟通。因小权妈妈的态度很好,加上及时的安抚,事情没有继续发酵。我通知小权妈妈第二日来校进行沟通。小权的父母此时也意识到了事情的严重性,表示愿意配合老师的工作。

第二日我将此事反映给了上级领导。当日领导、小权父母与我三方一起进行了沟通。目的有三:其一是让小权父母清楚地了解小权在校的各项表现,让他的父母明白事情发展到这种地步究竟是何原因,引起重视,不能再任由发展;其二是了解小权的家庭环境及父母的教育方式;其三是家校合作共同探讨帮助小权矫正不良行为,促进他健康成长的方法。

(二)借家长群,消除偏见

因为小权同学过度保护自己,继而攻击别人的现象频频发生,而且在课上无视课堂纪律,有一些如爬窗、趴坐地上等现象出现,所以我先建议家长带孩子去医院检查孩子有没有多动的症状,以及在幼年是否受过某种伤害。

然后,我在家长群里发了一段文字,内容如下:"各位家长,关于你们昨日的讨论,我也去询问了各科老师小权近期的表现,我们都一致认为小权进步很大,比如,他会让小朋友排在他的前面,先让别人吃,帮小朋友打饭;认真听课的时间越来越长了;课间打闹的次数也开始减少。小权的爸爸妈妈很重视他的问题,主动与我约时间来找我沟通,询问他在学校的方方面面,我从他们的话语中感受到他们的歉意与真诚,下决心纠正孩子的不良习惯。我们向阳班是个大家庭,要在一起相处6年,相信大家都一样希望向阳班是最棒的,最好的。也希望大家给小权一些时间,共同帮助他健康成长。"我发这条消息,一方面让家长知道虽然小权有一些不良行为存在,但是他也意识到了自己的错误,在不断地改正,安抚家长对小权及他的父母产生的不满的情绪;另一方面是给予家长信心,不要对他有偏见,小权的父母也对孩子的情况引起了重视,我们是一个大家庭,共同帮助小权进步。

有的家长留言说:"孩子还小,我们一起帮助他成长。"有的说:"看到了他的进步,我们给孩子一些时间。"虽然留言不多,但这些话语已经足够,我相信这会给小权的家长一些信心,同时给予了我很大的信心。

解开"小霸王"行为之谜

通过与他父母的沟通,我了解到小权的父母均为公司职员,平时工作较忙,孩子从幼儿园起一直由爷爷、奶奶带,很宠溺,什么事都依着孩子的脾气。而母亲在孩子上了一年级之后,因为下班太晚,只能辅导孩子的学习方面,忽视了孩子在行为规范上的管教。父亲方面,与孩子一直是打闹式的相处方式。犯错误时,很少对其进行批评教育,认为不用对小孩子太严格,开心最重要。而且我还了解到,小权的父母比较喜欢看武打片,类似于打斗的电影。小权也会跟着看,也喜欢看类似于奥特曼这种类型的动画片,尤其是打斗的片段。他特别崇拜奥特曼,认为能把别人打倒的人很酷。

所以,小权父母的教养方式基本可以概括为:父母陪伴的时间较少,长辈过于溺爱,家庭成员间的管教方式有分歧,对孩子行为规范的教育不够重视,以及小权错误的英雄崇拜。

"小霸王"的转变之路

小权喜欢看武打片,特别喜欢看奥特曼,这是造成他攻击性行为的原因之一,和大多数男孩子一样他崇尚英雄主义,他只看到了电视中的奥特曼在打打杀杀,看起来很酷,但是他不明白他们为什么要这么做。我和学校的一位资深前辈梅老师沟通之后,梅老师运用她丰富的经验给予了他正确的引导。

他开始明白了他最崇拜的偶像奥特曼为什么去打怪兽,不是因为怪兽攻击了他,他才会反击回去,而是因为怪兽在伤害人类,他要去保护人类,保护同伴,保护爱的人。所以奥特曼是大英雄,大家都崇拜他,喜爱他。他是班集体中的一员,那他要做的就是要保护我们这个班集体,保护好每一个同学,成为班级的守护者,大英雄。我和他约定好,如果他到学期末能做到保护班上的同学,老师就送他一个奥特曼。他欣然答应。

一开始的工作并不太顺利。他仍不能控制住自己的情绪。只要出现一点冲突,他还是会动手打人,于是我便让其回办公室,进行严厉的批评教育。没办法,于是只要下课铃响,我就会把他带到身边,如影随形。慢慢地,他觉得不能玩耍了,很是枯燥乏味。我告诉他,如果他能做到下课不打人,就允许他和别的小朋友去玩。可能因为尝到了苦头,于是,他渐渐能够控制自己的情绪。但是这还不够。在他取得进步的同时,我会不断地提醒他,奥特曼可都是在保护自己的伙伴哦,老师很想看到你帮助同学的样子。

我第一次看他帮助同学的时候,是他在帮助小朋友掰开橙子。我当然没有放弃这一次的机会。在全班同学面前大力表扬了他,并明确地表示老师特别喜欢你乐于助人的行为。老师还要告诉我们班的其他老师,让他知道我们小权不但不打人了,还能帮助小朋友了呢,老师真为你感到骄傲。我看到他甜甜地笑了,这是我第一次从他的脸上看到柔和的目光。

班级里的"守护神"

终于,功夫不负有心人。小权在行为规范上有了很大的转变。

有一次他在奔跑时,不小心撞倒了一位小朋友,他连忙把小朋友扶起来,着急地抹着眼泪问对方疼不疼。他开始会关心同学,学会道歉。

广播操站队时,因为他的力气大,我怕他挥到其他同学,引起冲突,让他站在第一排。他竟然能主动管理小队的队伍,让同学站整齐。

他开始有了集体主义意识。他是班级的午餐管理员,有一次值周老师去查班级是否有浪费粮食的问题,他对值周老师拍着胸脯说:"放心吧,我们班绝对不会浪费粮食。"

当班上的小朋友发生矛盾,他会第一个跑来告诉老师,而没有选择挥起拳头。他的目光开始变得柔和,不再露出凶狠的目光,整个人看起来越来越可爱。他的转变太多太多,俨然已从一个"小霸王"变成了班里的"守护者"。

小刺猬 小太阳

胡洁颖

突起波澜：小太阳变小刺猬

32个稚嫩、拘谨的小朋友在新的班级里相处了大半个月，逐渐适应了小学阶段的新生活，化身成为一个个热情的小太阳，让班级充满着活力和热闹。每当下课的时候，他们都会围在我身边，把他们最想说的话争先恐后地告诉我，第一时间把自己的快乐和笑容分享给我。可近一个星期以来，我却发现小朋友们一个个都变成了"小刺猬"，下课的时候送来的不是一张张笑脸，而是一声声告状，总有好几个小朋友跑过来告状："胡老师，我看到有人在打架！""胡老师，我看到别的班同学在我们班的走廊上玩！"难不成真的有他们说的那么严重？真实情况并不是这样的：那两个打架的小男生只是在玩，别的班同学只是在玩游戏的时候不小心后退到我们班后门口。

为了避免再次出现乌龙告状事件，我也和全班的小朋友强调，老师不喜欢告状这个行为，两个人能解决好的问题不需要来告状。但只消停了两天，又有不少小朋友忍不住来向我告状。几乎每个我在教室的课间，都会处理一到两起这样的告状问题，归根到底都是些鸡毛蒜皮的小矛盾、小摩擦，明明是小朋友自己能解决的问题，都要告状闹到我这里来，当事人觉得委屈，我心里也一肚子暗火。

究竟是怎么了？我心里疑惑不已。明明之前还是能给我带来欢笑与动力的小天使，最近怎么就变成了不饶人的"小刺猬"，似乎看不到别人身上的优点，揪住别人一点点的小问题就无限放大。哪怕我再三强调也无法阻止小刺猬们告状的"热情"，我都开始怀疑自己是否真的能当好一名班主任。但是作为教师，"你面对的是儿童的极易受到伤害的、极其脆弱的心灵,学校里的学习不是毫无热情地把知识从一个头脑里装进另一个头脑里,而是师生之间每时每刻都在进行的心灵的接触"[①]他们还只是刚入学不久的孩子,又怎么能期望他们像大人一样马上理解、立刻做到呢? 我豁然开朗,事出必有因,我应该好好归因,抓住根源,再徐徐图之。

追本溯源:成长中的灵感

只有我们班出现了爱告状的现象吗? 就我们班出现的现象我询问了一年级其他班的班主任,他们纷纷表示或多或少也遇到过这样的问题。查询相关的资料,我发现低年段的孩子普遍都是"小刺猬",爱告状。发展心理学中提到,有两个条件影响小学生的心理发展:一是个体的生理发展条件,低年段的小学生生理发展正处于重要飞跃阶段,这时的好胜好强心逐渐加强,希望听到老师、长辈的表扬和同学的关注;二是客观条件的变化,刚步入小学生活,独立处理问题的能力很差,渴望获得帮助。作为班级里的大家长,我自然成了他们告状的处理人。虽然告状现象在低年段小学生中非常普遍,但是如果我们班的"小刺猬"都竖起尖尖的刺,对待同班同学,长此以往不加以改变,只怕会影响同学间的正常交往和班级文化建设。怎么能让我的"小刺猬"们丢掉小刺,露出软软的肚子,重新变回小太阳呢? 我有空就在思考这个问题。

刚巧,我们班鬼马精灵小潘朝我跑过来:"胡老师胡老师,我们班的两个男生在厕所那边跑,我提醒了他们好几次他们都不听!"我以为又要我这个班主任出马解决了,可是小潘截住我的话:"所以我罚了他们每人一张行为规范卡,胡老师,我放在讲台上了啊。"

"你怎么就罚了他们呀?"

"因为我是课间安全小巡警!"

是呀,他们爱告状一定程度上是因为无法自己独立解决,需要依靠他们所认为的权威力量。前段时间我给班级学生每人都安排了人人岗位,每人都有自己负责

---

① 苏霍姆林斯基,张德广.给教师的一百条建议[J].比较教育研究,1981(2):32-36.

的一部分班级事务。培养他们独立能力和自主管理能力是不是可以减少告状行为呢？

似乎还少了点儿什么，后来偶然间听了我们年级资深教师的一堂道法课，我才豁然开朗。她上课的主题是珍珠眼和鱼目眼。你有一双什么样的眼睛？珍珠眼是能看到别人发光发亮优点的眼睛，鱼目眼只能看到别人的不足。爱告状不就是只看到了别人的不足和错误才会经常发生的吗？能不能让我的"小刺猬"们有一双珍珠眼，经常看到的是别人的优点，学会表扬别人，成为温暖大家的"小太阳"呢？

对症下药：赏识教育点亮珍珠眼

怎样让孩子们学会发现别人的优点，拥有一双珍珠眼呢？只通过一节班会课，预计效果不大。一年级的孩子们忘性大，可能持续不了几天就又变回了"小刺猬"。教育是润物细无声的过程，小学生的行为习惯都是一天天不断反复练习而形成的定式，需要长时间不间断地进行训练。习惯的养成通常需要21天，而思维方式的转变更是一个缓慢的过程。要让小朋友们练就一双珍珠眼，学会赏识他人，朝着这个目标，我从课堂、班级日常管理、班会课教育、评优推选等方面进行了班组文化建设。

1. 基于语文课堂，教学贯彻理念

教书育人是教育的本质要求，是教师的义务和责任。在教学过程中把教学和教育结合起来，既给学生传授知识，又对他们进行思想品德教育。在语文课上，我们都会有书写要求，我会随机挑选几位同学的语文书上来展示，同学们进行评价。

以往这时候，同学们都会站起来，指着展示的字就开始当小老师，画风犀利，直击要害。这次也一样，我请了一位小朋友站起来就说："我觉得他这个字横竖都写歪了！"

"小朋友们，胡老师也来说一说这个字，首先我要表扬他关键笔画都写在位置上了。再来看一看，他写的横和竖，我们给他提个小意见，如果把横竖写直就更好了！"说完，我请这位被展示的同学和其他同学站起来说说他更喜欢哪种评价方法。大家果然都比较喜欢我的评价方法。

"为什么大家都喜欢胡老师的评价呢？胡老师的评价和这位小朋友的评价有什么不一样呢？"我继续发问，让他们自己找出答案。

他们很多人其实都已经找到了答案，是因为我先表扬了他。"对呀，如果你被别人表扬了你开心吗？"他们异口同声地说："开心！"

"如果我们在评价的时候，能找到优点，肯定他的进步，相信被你评价的小朋友听到一定很开心。这时候再说说他还可以改进的地方，他肯定更有信心做好了！我希望小朋友们都能够在评价的时候先表扬赏识再提出建议。"果然，设身处地想过之后，他们都若有所思。在之后的语文课堂上我也继续渗透赏识教育，经常鼓励他们评价的时候学会夸奖他人的优点与进步。

2. 依托系列班会，活动实践体悟

听过老教师那节珍珠眼和鱼目眼的道法课，我深有感触。虽然小朋友们在道法课已经接触过了这部分内容，但还可以就我们班实际情况设计开展一系列的以赏识教育为主题的班会课深入启迪。

第一课的班会主题是"学会夸夸你自己"。我们班的小朋友大部分都害羞地摇摇头，"胡老师，我觉得我没有什么优点。""怎么会没有呢！"我故作惊讶，我们班的学生大体上比较害羞，我特地从行为规范、卫生、学习等多方面做了简单的总结归纳，符合一条的举一次手，从一开始几只小手，到后面小树林一样的小手，在我的鼓励下，他们也乐意在全班面前夸夸自己的长处。

第二次，我准备了"学会夸夸你的同学"的主题班会，很多小朋友都会选择表扬班级里表现最出色的同学。有个爱调皮捣蛋的同学站起来，沮丧地对我说："胡老师，我觉得他们都好优秀，我却没有人夸。""谁说的！"其实我们班是有几个调皮捣蛋鬼，事先思考到可能没有同学选择夸夸他们，我特意在便签纸上提前给这几个调皮鬼写了至少十条的优点。"胡老师来夸夸你！"等我一条条说完，小朋友们自发地为他鼓起掌来，似乎他们都明白了人人身上都有闪光点。

之后，我还组织召开了谁是你的小镜子等主题班会，让他们学会赏识自己、赏识别人，同时能学学其他同学的闪光点。

3. 扎根班级管理，鼓励并驱争先

值日小班长是班级的一日小管家，管理班级的日常秩序。眼保健操和广播体操时总有值日小班长过来跟我抱怨班里有几个小调皮鬼不听他们的管理，和他们作对。

我决定把表扬的权力下放给他们,让他们学会自我管理和处理问题。每天两位值日小班长在眼保健操和广播体操检查时都能成为小老师,使用行为规范奖励卡,奖励给6位做得最认真的同学。得到奖励卡的同学都会收获别的同学羡慕的目光,在这样的良性竞争中,没得到的同学则会更加努力,向认真表现的学生学习,争取获得认可。

4. 巧借评优制度,引领价值导向

班级每周都会推选出一名表现优异的学生成为学校的彬彬有礼小学生,一开始的推荐人选都是我和任课老师结合这周班级学生的表现提议,得到全班同学大部分同意后产生的。之后,为了让小朋友们建立正确的价值导向,每周我都会提前公布这一周的评选要求,让小朋友们根据要求寻找心目中的彬彬有礼小学生。在周五总结时,我会请小朋友们陈述理由,自主推荐。

一开始小朋友们都会以老师的表扬作为依据推荐,依赖于教师的权威,但经过课堂中理念的渗透、系列班会的引导、日常管理机制的影响,他们不再紧抓别人做得不好的地方,渐渐学会了用欣赏的眼光发现别人的闪光点,会通过自己的观察、向其他小朋友了解等方式学会赏识别人。特别令我感动的是,有一次在推荐彬彬有礼小学生时,班级里有不少小朋友推荐了我们班的小关同学,他经常因为生理原因控制不住自己的脾气,有一些暴力倾向,但推荐他的小朋友说小关同学在上课的时候愿意站起来回答问题,这个星期进步很大,所以想推荐他。虽然最后小关同学没有评上,但看到他一脸开心的样子,听到他下课悄悄跑过来跟我说今天是他最开心的一天的时候,我惊喜地发现,我的"小太阳"们又重新回来了。这次,他们不仅会把他们的快乐分享给我,还学会了把温暖与爱送给所有人!

躬行实践:教育智慧促成长

回顾这次事件的处理过程,我在这长时间的摸索中,获得了不少的经验,也有诸多成长。

1. 先解决心情,再解决事情

成为一位教师,特别是一位班主任,你的肩上就多了一个班的责任。在工作生

涯中,或多或少总会遇到让你头疼的人或事。但当你带着情绪处理问题,往往会影响你的判断,造成难以挽回的伤害。所以遇到事情先冷静下来,设身处地地站在对方的角度考虑,能找到更好的解决对策。爱告状这一行为,是低段学生普遍存在的现象,一味粗暴地禁止得不到小学生的理解和认同,只会破坏他们对你的信任和亲密的关系。站在他们的角度,用他们的眼光去看待这一问题,你会发现,这是他们渴望获得认同感的一种途径,是看待问题的一个角度。如果你能选择赏识教育理念帮助他们合理地宣泄这种情绪,转变他们看待问题的角度,这种行为不用禁止,自然会慢慢消失。

2. 从学生中来,到学生中去

以学生的发展为核心,做好学生成长的引导者,不仅在学习方面,更在思想教育方面。把学生当成平等沟通的对象,他们的潜能是无限的,会有不少奇思妙想。小潘同学会巧用惩戒的管理方式处理问题,这就是学生的智慧。

对于低年段的学生,苦口婆心的劝说式教育毫无意义。他们还很难理解复杂的道理,对你的说教会产生厌倦的心理和叛逆的情绪。合理运用教育的智慧,改变德育的方法和途径,通过教师本身的言传身教、班级管理机制的改革、大环境的渗透等无形的教育手段,调动学生的积极性与主动性,鼓励学生参与,激发兴趣,会让事情的解决事半功倍。在课堂上无形渗透赏识教育理念,引导转变学生评价思维;在班会课上以情感为纽带,激发学生对自我的认知和认同感;在班级日常管理中,以鼓励式管理机制营造班级良性竞争氛围;以评奖评优制度引导学生正确的价值导向和多维赏识角度。

3. 师生相辅相成共从容

一件班级问题的正确处理,是学生进步的阶梯,也是教师发展的契机。在处理过程中,学生在教师的教育引导中获得身心健康成长的进步,教师不断调整教育方法,通过多种途径获得知识与经验,在教育学生的同时也在进行自我教育,有利于个体教育观念的形成与完善,积累教育经验和教训,提升教师的专业素养和能力。

这次的事件,不仅让孩子们树立赏识他人的心态,还让我积累了处理班级事件的经验,先处理心情,再处理事情,以生为本运用教育的智慧,实现师生共成长。

用"五个月"拉直的脊背

——你是我心里的"A档生"

吴婷婷

一、缘起:驼着背的少年——与小C的初遇见

(一)小C画像

与未正式步入教师行业时的设想一样,小C就是我最害怕也最怜惜的一类孩子中的典型一员。他们本性善良,却因为家庭教育的缺失变得敏感、脆弱。他们在家中不受关注,因此会在学校里以各种各样的怪异行为来引起关注。但他们也有纯良的本性,他们懂得回馈感受到的真情,珍惜身边的朋友,也期许着他人的目光。小C就是这样一个惹人憎又惹人爱的矛盾体。他家中母亲长期在外经营事业,父亲智商上有缺陷,爷爷奶奶向来对他疏于管教,就是在这样的家庭背景下,小C如同混世小魔王般步入了初中的生活。"驼背"是我对他一见面就有的印象,蜷缩在教室的一角,瘦瘦小小的,感觉驼着的不仅仅是他的脊背,还是未被悉心的教育拉直的人生观。

(二)小C与我初识的那些"鸡飞狗跳"的英语课

刚开始对小C的认识平面,处理的方式也干脆直接。发现他驼着背蜷在座位上,我便严肃地当着全班的面批评。他的成绩之低完全在我预料之中,我与他针锋相对,他被列入我日常扣分和批评的榜单之首。这样相互较劲的关系使我对他厌恶日深,他对我也是完全疏离。班主任与我提起他,我也总是能组织起一大段吐槽他的话,他就像一根刺一样天天扎我的心。越是关注他驼着的背,课堂上双目的无神,作业的潦草不羁,我就越是以负面的情绪和沟通去对待他,一切似乎越来越糟。

二、经过:我手中拉扯的情感共鸣的五根"丝线"

就是这样在无奈和愤怒中大概与小C相处了两周的时间,直到班级教师集体会议时,谈到后进生的帮扶,我们几个任课老师都觉得小C尚有机会提升。这也是我深入理解小C的开始。在班主任的介绍中,我得知了小C复杂的家庭背景,也深深反思我之前采取的教育方式之简单粗暴。每一个学生展现出来的样子不仅仅是他本身的样子,也是家庭的缩影。也许拨开家庭教育的阴霾,触摸到孩子本真的时候,我们才会发现,他们都是那样可爱,那样有温度。自此,我用五根丝线,无声地拉扯起小C弯着的脊背,也建立起我与他之间的情感共鸣。

(一)反"独白式"教学

反思之前与小C的沟通方式,我总是像一个高高在上的神灵,单方面地训斥着他言行的不正。由于对他深恶痛绝,我也鲜少提供给他在课堂上互动交流的机会。这样就形成了我对小C独白式的教学。我单方面火力输出,他却纹丝不动。我决定探索与改变,首先就从我与他沟通方式的转变开始。我不再高高在上地一言堂,我试着与他互动,试着建立起师生平等的交流关系。一次课间,我叫他来办公室找我,我拿着他胡乱瞎写的作业本带着他一起走到校园的跑道上。我对他说:"老师不想当着办公室那么多老师的面说你,我觉得你肯定不喜欢这样。"我首先对他道歉,为我之前鲁莽的教育方式,也为我之前没有做到与他的平等交流。听完我的话,他眼眶红红的,抬着头说"有沙子"。我没有戳穿他,心里暖暖的,觉得小C真的是很有感受力的孩子,我真心对他的交流也获得了他真心的动容。之后我与他闲聊各自家里的情况,他也愿意与我分享他的生活。我把作业本交给他,对他说:"老师相信你自己可以发现你作业有什么问题,希望你把它改进再交给我。"那一次作业,我第一次看到原来小C的字可以写得这么端正。

(二)反普遍的道德说教

抽象的道德说教就像空中楼阁,与学生相距甚远,教育成效甚微。反思前期灌输性的道德教育,不具针对性,也没有考虑到学生的个体差异,我开始努力寻求具体情境,在事件之后采取个性化的道德教育方式。对小C的道德教育也是如此,我开始细心关注情境,在他的立场上思考问题,并探索解决方案。日常的行为习惯是对学生德育的重要内容。针对小C一直具有的驼背坐姿问题,我思考着他的习惯恐怕是从小延续至今的,轻易无法改变。一次课后,我把他叫过来,拿出我刚买的想矫正我脊背的背背佳。我说:"老师刚买了背背佳,觉得你比我更需要它,我送给你好不好。"令我意外的是,他很不好意思地红了脸,拒绝了我。之后的英语课,他很努力地挺着脊背,身上闪耀着铮铮的少年之气。

(三)建立"情感认同"

在教育中获得的收获不仅仅是学生学业成绩的提升,与学生建立起的理解、尊重和欣赏的情感认同关系有时候更让师者感念。让学生打心底里认同一位老师,需要从真诚和真心出发,搭建起心与心之间的桥梁和纽带。一颗真心总能被另一颗心感受到,真心的关怀和爱有着融化冰山之力。小C不知何时被选为体训队的一员,每天放学后要练到很晚,一次他体训完找到我问我要吃的,高强度的训练使他饥肠辘辘。我毫不吝啬自己的小面包,给他塞了好几个。他得意地跟同学炫耀在我这里拿到的面包。有一次放学后,我看他在办公室外面"鬼鬼祟祟"的样子,想着他铁定又是饿了,于是我赶紧拿了吃的跑出去拿给他,这也是我头一次看到他像一个害羞的小女孩一样。再之后他再问我要吃的,我总是要他完成一定的任务,他特别欣然地接受,小C也成了我们办公室的常客,每天来背单词成了他日常学校生活的一部分。我们之间的关系也日益拉近,我再也不是那个高高在上的"无情"的Miss Wu。

(四)培养"感受力"

光是让学生感受到教师的关怀仅仅是教育者走出的第一步,师者爱生也是人之常情。培养出学生的感受力,使其也能关怀他人才是教育所追求的育人目标。很多师生之间起剧烈冲突的事件,甚至是学生武力伤害教师的事件背后,便是学生感受力的缺失。学生片面地看待教师的某次过激行为,而否定前期教师的点滴付出。在这个方面,我希望在这样的家庭背景下,小C也能做一个感念他人关怀并主动施予关怀和爱的人。借着一次家长会的契机,我见到了小C那位终日在外忙碌的母亲，我不吝惜任何夸赞的语句在她面前夸奖小C，从他妈妈的眼神里，我看到了欣慰。并且，我还要求她回去也夸夸自己的孩子，多了解了解孩子的闪光点。第二天，从小C看我的眼神里，我知道昨天晚上他妈妈肯定已经夸奖他了。我进一步要求他给妈妈写一封信，想想妈妈为家里的付出，表达对妈妈的感谢和爱。我和他一起把信纸折成了爱心的形状。我想，这封载着爱的信，任何一个母亲读来，都会感动。我也相信，通过这样的表达，小C也更能理解妈妈，理解支撑起一个家庭的母亲身上的背负。

(五)提升个人能力

规范其行，匡正其心是教育者的初心，提升学生的能力同样也是教育者培养社会栋梁的使命和职责所在。虽然小C各方面表现日趋进步，但我也希望他能在能力上有所提升，能够在学习上有所突破，进入一所不至于太差的学校，拥有好的成长环境。在这方面，我不断地鼓励他。在课堂上，有些简单的问题他特别乐于举手回答，我也特别热情地给予他回应，并给他真诚的评价。每次他来我跟前背单词，我总是夸奖他背得速度快、记得也牢。这样正面的鼓励和评价使得他确实背单词越来越快，也记得很清楚，单词题在期末拿到了我意想不到的高分。他的成绩从刚开始的40分到50分，到期末前跟我说"老师我一定会考到80分的"。最后期末考试，他的分数是75.5，在我心里，他就是达到了目标的A档生。

三、转变:我是小C心中评选出的"感动人物"

(一)小C不再是课上驼着背的少年

如果你来到我的班级，不难发现一个瘦瘦小小的身影。他的桌面乱乱的，还是需要提醒他整理；他总是找来找去找不到他的笔记本，但也会拿出一张纸认认真真地笔记；习题课时也会偶尔走神，侧头看看边上女生的订正，以迅雷不及掩耳之势订正到自己的作业上。但这些看似还是有问题的行为，却是他与从小养成的不良习惯斗争的几个月取得的阶段性胜利。他或许听不懂有时候我全英文的课堂，他也绝对不是那个能回答出难题的最聪明的学生，但是从他的眼里，你可以看到光。

这光里,有对自己慢慢建立起来的自信,对老师逐渐累积的信任,也有着这个年纪该有的朝气和活力。更重要的是,你瞧,这光里,映着他挺起来的脊背和品格。

(二)爱逛办公室的"跑腿小哥"

如果你来到我的办公室,也总是可以看见一个神出鬼没的瘦瘦小小的身影。他总是得意扬扬地从办公室的前门挥动着两条手臂快步走进来,幽幽地站在我办公桌边。时常他会拉上他的小伙伴一起,像进了自己的主场般自信。我乐意看到他这样的自信,也每天期待着他的到来。他要么如打卡般每天来背单词,这个课间背不出来下个课间还会来;要么小眼珠鬼鬼地转着想来要点吃的;要么看看我有没有需要他帮忙的,跑上跑下,乐此不疲。办公室的老师也都知道有这么一号人物,有位老师打趣地说:"好羡慕你的学生这么爱你。"

(三)我想写写"吴老师"

让我没有想到的是,我竟然是小C心里的"感动人物"。一次学校进行感动人物评选,学生需要在班级里选出三位感动人物的候选人,学生评选的是自己的同学们。那天我走进教室,平时话多的女生马上跟我说:"小C感动人物选了您。"我心里懵懵的,怎么选同学还选到我头上了。趁着小C不在,我在他位子上看到了他写的300字的感动人物评选的稿子。他写道:"吴老师是我心中的感动人物,因为她不会按学生的成绩区别对待,真心地关心我……"我心里翻江倒海,为我头两周的言行感到羞愧,也欣慰于他终是体会到了、感受到了我对他的平等的尊重和关爱,他也终是成了一个更有血肉的阳光的少年。

在小C身上,我看到他懂得我对他的关怀的表现,我也看到他对很多方面都有了更多的关爱,比如他会帮办公室的老师顺手拿上来外卖,一句话也不多说地走掉;他会对知识燃起学习的热情,回答出问题之后万分得意;他会很乐意参与班级活动。

我想,这样关怀他人、关怀知识、关怀班级事务的少年,他最终考出的75.5,就是达到了我心里A档生的标准,他也一直和其他所有学生一样,有着各自的光彩和不同,都是我心中的A档生!

慢慢开花也可以

沈 静

从事教师这一份工作以来，每每看到路边含苞欲放的花蕾，或已竞相开放的花朵，我总会被吸引住目光。我们常常会把学生比喻为花园里的花儿，的确正如花儿的绽放需要阳光、土壤、雨水与肥料，学生的成长也需要父母的关爱、老师的引导、朋友的陪伴……不同的花特性不同，有的喜阳、有的喜阴、有的喜酸、有的喜碱，学生也一样个性各异，有的聪颖、有的笨拙……作为园丁，我们更需要用心来灌溉那些迟迟未开花的花骨朵儿，静待他们的绽放。

【案例描述】

"沈老师，你快过来！你看看这让我怎么办啊？"刚刚踏进办公室，英语老师就马上喊住了我，"我是真的没办法拉他了，太难了！问他怎么一回事，他也不出声音。"说着她把一本本子塞到了我中，我仔细一看，上面满是醒目的红叉叉，一个对的单词都没有。

其实这样的场景已经不是我第一次遇到了，开学后的这个月陆陆续续出现过好多次类似的情况，地方不一定一样，但是主角总是同一个——小诚同学。

【分析诊断】

其实刚刚升上初中时，小诚的错误率还没有现在这样高，与老师之间的沟通也比现在容易多了，为什么会变成现在这样的情况呢？

在我的班里，小诚同学可以说是各方面都非常不起眼的一个存在，不是班里最高也不是班里最矮的，不是班里最聪明也不是班里最笨的，不是班里最乖也不是班里最吵的，作为班里的绝大多数之一，他就像是身处在姹紫嫣红花园里最不起眼的那个花骨朵儿，他的存在起初总是容易被忽视。加上他性格也比较内向和敏感，面对学习上的挫折无法做好自行调节工作,渐渐地在学习上也失去了信心和动力。

而现在初中学习刚刚起步没多久,一切都还来得及,正应该把握住时机帮助小诚转变心态继续前行,不能让花骨朵儿还未绽放就此夭折。

【引导过程】

一、观察课堂,多一点关注

第二天我特地去留心了小诚所有课堂的表现,发现课堂上他总是会游离、发呆。课后我找他谈话,他也一直就是低头不语,这让我原本对他的担忧之情上添上了一把火,明明基础已经很薄弱了,为什么课堂上面还总是开小差! 我再次提醒他课堂听讲一定要认真,他也只是点了点头。谈话结束后没几天我们就迎来期中学情检测,果不其然,小诚的每门成绩都很差。这也让我在思考,这样基础薄弱但是上课又不听的孩子,我还要帮吗? 我还能帮吗?

后来冷静下来,我也意识到通往成功的道路不可能总是一帆风顺的,而且我才刚刚踏上前进的征程,更应该预料到前方的未卜。于是在之后的课堂上,我会从听讲状态、笔记等多个方面去观察小诚的情况,并记录下来,我相信多一点关注肯定有助于后续工作的开展。

二、家校协同,多一点理解

在随后召开的家长会上,我设置了一个环节让家长们以小组为单位分享自己在教育孩子过程中遇到的困惑或者问题,看看其他家长是否能提供有效的建议。当我走到小诚妈妈身边的时候,她紧紧地拉住了我,说:"沈老师,我们家孩子这次的检测太差了……我们在家也请人帮忙补习,孩子周末的时间都是排满的,每天晚自习放学后吃完晚饭就开始辅导……孩子的能力的确真的不如别的孩子,我也不知道该怎么做了……"说着说着她的声音开始哽咽,我马上安抚住了她的情绪,但是她眼睛中泪光闪烁的样子一直深深地留在了我的心中。

弗洛姆在《爱的艺术》中说:"母爱中值得赞美的东西还不是母亲对婴儿的爱,

而是母亲对成长着的孩子的爱。"而小诚妈妈的确也触动到了我,可能是由于我还未担当起母亲这个角色,我一直以来都是从教育者的角度来对待学生,看到的往往是他们做的有待改进的方面。我所面对的学生数量也比较多,聪颖的学生往往让我提高了对学生在学习方面的要求,要求太一视同仁了。而在生活中,从身边人的分享中我也能发现,其实每个孩子开始说话、站立、行走的时间都不一样,有的快一些,而有的却会慢一点,但是哪怕慢一点也并不代表他们学不会。

在作为教师进行教育的过程中,其实我也应该学会用一位母亲那样的角度来看待自己班级的学生,他们就是我的孩子。他们有些发育得快,所以快速地掌握了教授的知识,有些学习落后的学生,他们可能只是慢一点,我要给予他们一定的时间。就像每朵花都需要雨水、肥料等,小诚已经有了家长的帮助,而我也给予他作为老师的引导。有了这样的理解,我的后续工作可以更顺利地进行下去了。

三、私下交流,多一点沟通

调整完心态后我找小诚进行了一次促膝长谈,我让他说说他的内心想法和感受。一开始他不愿意吐露心声,在我的安抚下,他开始和我说其实他也想取得进步,他在课堂上游离很多时候是因为他完全听不懂老师在讲什么,有些时候则是因为他觉得自己在课堂上没什么存在感,偶尔举手老师也不会选择叫他。说着说着他的眼泪不停地流了下来,眼泪里有无奈也有委屈,更有不知道该怎么办的无措。

我马上劝导他,如果有不懂的地方一定要去找老师,老师们都是非常乐意帮忙的。其次,课堂中面对老师的提问,会的时候一定要多多举手,这样老师才有机会叫你回答问题,你举手多了,一方面开小差的机会少了,另外一方面掌握的知识更多了。这次,他终于把我的话真正听进去了。

四、不断鼓励,多一点进步

在之后的日子里,课堂上我开始会多留一些简单的发言机会给像小诚一样的学生,我也多多关注起了小诚的课堂表现。当小诚第一次发言并回答正确后,我立刻表扬了他,并鼓励他维持这样的状态,多多举手。课后我也告诉他,课上哪怕答错了也没有关系,老师们更看重的是你的态度与状态。这样的鼓励像是给他浇灌了肥料,促进了小诚的成长,他在课堂上更加敢于举手发言了。

慢慢地,经过一年多的时间,他发生了显著的变化,从原先的课堂游离,到渐渐敢于举手发言。原本门门落后的各学科在他的努力之下也有了起色,社会学科有时也能挤入班级前列。

学期末班里要评选出单项之星,当要评选"课堂之星"这一荣誉时,令人惊喜又让人欣慰的是,小诚以绝对的优势当选。当我问同学们为什么会选小诚时,同学们都说看到了他课堂上的表现,看到了他的进步,他是当之无愧的课堂之星!我看着领奖时笑容无比灿烂的小诚,欢喜而欣慰。

【案例反思】

虽然说小诚的转变过程耗费了一年多时间,但是的确让我看到了效果。美国教育学家卡罗尔说过:"学生没有好生、差生之分,只有快生、慢生之分,所有学生都可以达到某一学习程度,只不过每个学生所花的时间长短不同而已。"正如先前所说,我们老师在培育花朵的时候,不必着急,不必焦虑,只要需要用心去浇灌,"慢花"也会有花开之时。

以心叩心，方能读心

薛晴允

接到强强爸爸电话的时候，我正在教室管理语文期末考试前的学生自习。"老师，有个事情要麻烦您一下，我把孩子送到了校门口，但是他现在杵在校门口不愿意进来。我给他说了十分钟了，都没用，您能下来把他带进去吗？"

我立马问道："怎么突然这样呢？他不会是那种不来上学的孩子啊？班级里现在就只有他没有到位了呢！"强强一个学期下来，每天几乎都是前10个到教室的孩子，从不迟到。虽然学习能力不是很好，但绝对不会无故旷课。我想不出能有什么理由，能让他在期末考试的这一天早上，拒绝进入校门参加考试。

电话那边沉默了十几秒，说道："嗯……昨天在家里发生了一点小插曲，我打了他一顿，今天给他送过来，谁知道他直接就不进去了……"我没法想象出家访时那个温文尔雅、能说会道的强强爸爸会给青春期的孩子"上这么一课"。

没空在电话里听他爸爸细说，当务之急是稳定孩子情绪，先让他进学校。"好，没问题！你等一下！"我答应道。和语文老师交接完毕后，我马上以百米冲刺的速度冲向校门口。此时距离语文考试的进场，只剩15分钟了。

在学校拐角，我看到了强强，一个小小的倔强背影，有点佝偻着身子，背对着马路低头站着，没有一丝年轻男孩应该有的蓬勃朝气。他的一左一右站着无奈向我摊摊手的爸爸，和无力地微笑着的妈妈。

我向强强走去，一副蓝色的口罩遮住了他的大半张脸，但是随即映入眼帘的就是他眼睛周边埋着的几根红血丝、沉重下垂的眼袋和乌青的黑眼圈。

我笑着和他打招呼："怎么不进来呢？同学们都在等你呢？"

他转身抬头看了我一眼，马上又低头沉默不语。我用眼神示意爸爸妈妈走远一些，方便我和强强好好谈心。

我拍了拍他的肩膀，帮他把装满复习资料的书包卸到我手里，又问："你看，你爸爸妈妈被我支走了，他们现在听不见我们说话。你能告诉我怎么了吗？发生什么事儿了呢？"

他又抬头望着我，眼眶里的泪水打转。迎接我的又是一阵长达五分钟的沉默。这样沉默下去不是回事儿，我准备主动出击。"那你不说的话，老师猜猜看可以吗？"

"难道是昨晚考前突击，奋战到凌晨，所以今天变成国宝，没有精神了吗？"他摇摇头。

"那难道是没有准备好期末考试，所以不敢进校门，有考前恐惧症吗？"我继续推测。

"没有……老师，我在家准备考试了……"说话声音还是细细、轻轻的。但是他愿意开口，就是一个进步了。

我搂了搂他的肩，安慰道："既然你都准备了，那你根本没在怕的呢。为什么不进校门呢？……是因为爸爸昨天打了你一顿，对吗？"被我猜中的那一刻，他的眼泪顿时决堤而下。

会哭是好事，帮助他宣泄情绪是第一步。我一边掏出纸巾给他擦眼泪，一边心疼地问："打哪儿了？很疼，对吗？"

他难为情地指了指脸。我摘下他的口罩一看，下嘴唇缺了一个口，已经结痂了，右脸一块红红的，左脸可以清晰地看到三个手指印的痕迹。我倒吸了一口凉气，这一顿揍，可真的不轻。

"我从小到大，他就是这样，非要逼着我去做我不想做的事情，然后我不顺从，就会打我一顿！我现在长大了，他还是这样！"

"为什么爸爸会打你呢？"

"昨天他非要送我去家教老师那里去复习，我说我不想去，我自己会在家里好好复习的，他不听。我们吵起来了，然后就这样了……"从他的嗓音里我听出了无奈、不满、委屈。本来是一个小矛盾，但是爸爸的暴力处理使得父子之间竖起了一个巨大的沟通冰块。

这是一个开学初见时就一眼吸引我的帅气男孩，一身篮球服，笑得灿烂。但和我的初印象大相径庭的是，他从不觉自己有外貌上的优势，反而因为学习成绩差而非常自卑，小学的时候基础太差，导致在初中的学习中跟不上大部队。上课时对于有一些明明知道答案的简单问题，他也不敢举手回答。即使是担任自己喜爱的体育委员一职时，连集会整队的说话声音也不是很响。我想，我必须帮助他们打破这一个僵局。

我看着强强，说："你知道吗？老师也有一个秘密，现在告诉你，你可不准说出去哈！在我读小学四年级的时候，因为叫了别的小朋友不喜欢的绰号，被我妈妈追着用衣架在房间里打。我一边跑一边哭，最后她连衣架都打弯了……所以我知道你有多疼。"

"我还知道，因为你怕同学们看到你脸上的痕迹，会疑惑会询问一些有的没的，万一他们知道这么大了爸爸还打你，你会觉得特别丢人……"

他睁大了眼睛看着我，似乎惊讶于老师小时候还会被妈妈追着打，更惊讶于我会读心术。

"你放心，这件事情，只有我们两个知道，我不会让其他同学知道你今天为什么迟到，好吗？现在同学们都已经进考场了，也没有人会关注到你的，我看了一下和你同个考场的也没有我们的同班同学。"

他稍稍松了松脚步，但是仍旧不愿意上前。这会儿，他爸爸妈妈有上前要硬推他进校的意思。我摇摇头制止。

"强强，我是不是你最信任的人？你想让我帮你吗？"他点点头。

"那你要记住老师永远是跟你站在一起的。你跟我先进学校，语文考试已经开始了，再迟一点就没法考试了。相信我，现在不是和爸爸赌气的最佳时机，老师等会儿就帮你教育爸爸，可以吗？……来，我送你进考场。你没吃早饭吧……如果语文考试结束后饿了，就和我讲，我给你送点吃的。"就这样，慢慢哄着强强，他终于扭扭捏捏地进了考场。

我想，这场小小风波之中，这个有着烦恼的小小少年也需要一个台阶下，更需要通过这一次的"揭竿而起",让爸爸明白他是一个渴望被尊重、希望被倾听、盼望被平等对待的独立个体。他不再是一个小孩子了，而是一个有思想、有个性的小大人了。武力解决、暴力沟通，在他这里是行不通的。

那天吃完午饭后，我在走廊上偷偷问强强："今天有人关心你脸上的痕迹吗？"

"只有吃午饭的时候，小组同学问我嘴巴怎么了？我说是上火了，他们就没问了，戴着口罩也看不大出来……"他虽然松了一口气，但是脸上仍旧是兴致缺缺的样子。

"老师，今晚的晚自习我不想留着了，行吗？我想回家复习。"他弱弱地提问。我知道，他还是怕同学们的目光。

"行啊，按照老师的考前锦鲤去复习，你一定没问题的，在哪里复习都一样。但是今晚要早点睡觉哦！"

说着，我给他塞了一个红包壳，叮嘱他一定回家再看。

红包壳里是我今天白天给他写的一封信，是属于我们俩的悄悄话。

强强：

现在还疼吗？其实，今天老师看到你后，也觉得很疼，心疼那个懂礼貌、知团结、努力可爱、想要被尊重、被倾听的大男孩。因为我自己经历过，所以特别理解，也想为你撑伞。但是我想，此时此刻，比你还疼，还后悔的是你的爸爸妈妈。今天当你在语文考场上奋笔疾书的时候，老师好好地和你的爸爸妈妈聊了一上午。他们今天边说边流泪，也很可怜。我理解，也理解你的爸妈。

当然，我已经严肃批评了爸爸的不正确做法，并且给他上了一课。你是你爸爸的第一个小孩，他也在慢慢学着做一个好爸爸。但是，懂事如你，现在也一定明白爸爸的良苦用心。每天车接车送风雨无阻，还记得你在提名"班级十大年度事件"的时候说：爸爸妈妈在始业教育时为同学们送清凉，一个人一个雪糕，大家很快乐，你很骄傲，脸上特别有面子。是啊，那你也一定懂请私人家教是为你好，想让你在期末考试之前突击上课，以便考试的时候可以有更充足的底气，取得更好的成绩。

但是当你提出不同意见的时候，爸爸用错了方法。他不应该用武力打败你，而是应该和你一起并肩打败问题。可是，如果换位思考，如果你是爸爸，你会不会也有一种恨铁不成钢的遗憾呢？

最后，永远记住老师是你一个战壕里的战友。有什么问题，跟我说！如果和爸爸面对面沟通仍旧心存芥蒂，你不妨试着用文字的方式和他交流你心中的想法。当然，如果想让我转告，也没有问题。

愿你忘掉所有不开心，向更好的明天出发！预祝你能有好成绩！考的全会，蒙的都对！

爱你的老师

第二天，在科学考试前奔赴考场的时候，他塞到我手里一张小纸条，看着他包含几个错别字的小纸条，我不由得笑了。上面说：

老师，谢谢你能站在我这一边。谢谢你没有和同学说出这个秘密。其实，我那天说话也不是很好听，但是没有你，我真的下不来台。老师，我会进步的，总有一天会让爸爸刮目相看的。

陶行知说："真教育是心心相印的。我们必须会变小孩子，才配做小孩子的先生。"青少年身心的成长是一个痛苦而复杂的过程。离开了情感，一切教育都无从谈起。如果说每一个孩子都是一朵向日葵，那么一个好的班主任就是她的太阳，有了强大的向师性，才会产生师生的正向联结。

为人师者，要有一颗孩子的心灵，用孩子的大脑去思考，用孩子的眼光去看待，用孩子的情感去体验。我们的每一个动作，每一句话，甚至是每一个眼神，只要是发自内心的尊重，就能给孩子多一份力量。用一颗心去叩开另一颗心紧闭的门扉，去听听他们世界里的声音。

信赖，往往创造出美好的境界

安益飞

故事的主人公小鲁，在入学前的家访中就给老师留下深刻的印象：待人彬彬有礼，有超乎常人的语言表达能力。家庭四代同堂，居住在一起，妈妈与孩子的交谈透着民主的气息，学前教育很超前，无论是家庭教育还是孩子资质，都是老师心目中学霸的形象。

但是，从开学的第一天起，故事就开启了新篇章。排队时，稍有触碰，他就动手打人；开学典礼时，看着《刘胡兰》的表演，他泪流满面，直喊："太可怜了。"但没看几分钟，就开始不耐烦，质疑为什么要那么长时间，不想听了，要回教室；学习用品到处乱扔，拒绝收拾；课堂上根本坐不住，腿都搁到了桌子上；一碰到不顺心的事就大叫大哭，同学看他一眼，就大叫："你们居然都来嘲笑我，你们都是不礼貌的人。"他举手了，必须叫他，否则他就泄了气，趴在桌子上乱涂乱画，书上、作业本上到处都是……好动、多疑、冲动、丢三落四、注意力不集中，这是一个极不寻常的孩子，我在查阅了资料后，与家长联系，建议去医院检查一下，听听医生对孩子行为的判断。家长们非常配合，第一周周五就带孩子求医，当天就被确诊为多动症。

多动症，是一年级老师最害怕听到的词语。近些年，发病比例有明显上升，症状还各不相同，治疗与恢复又是一个漫长的过程，会给班级管理带来不小的挑战。对于我来说，这些年来，接触过多名多动症孩子，并没有找到太多应对的有效办法，倒是调整了心态，这件事急不得，唯有耐心应对，同时也特别提醒家长，问问医生，需要老师怎么配合？得到医生的建议是：平时多鼓励、多肯定，有行为上的问题，与其他孩子一视同仁。于是，我的办法就是遵医嘱。

当孩子放学离开路队随意攀爬大厅柱子，我就带他重新走一遍，连续走了两天、第三天，他不但自己走好了，还提醒同学："不能爬柱子，不然要回来重新走。"位置上坐不住，抽屉没有整理好，就在放学后带回教室，一起陪着他坐端正，指导他收拾物品，并且跟他说："这不是老师惩罚你，而是教你怎么做，只要第二天做好了，就不用返回了。"同时，也提醒带队放学的老师指导他整理。渐渐地，放学的路终于走顺了。

在书上、作业本上乱画是他最大的爱好，而且他对此非常投入，我知道堵是堵不住的，于是我就特意送他一本本子，跟他说，这是专门用来画画的，不过，最好在课后画，上课时要认真听，这样才不会影响学习。没想到，他拿出了另一本画画本，是妈妈专门给他准备的，我特别欣慰，孩子能遇到这么懂他的妈妈，孩子应该有机会能改好。当然，改掉一个坏习惯，没有那么容易，涂鸦依然会出现在每一篇作业的不同角落。他画多少，我就帮他擦多少，再叮嘱他几句，渐渐地，涂鸦基本看不到了。

孩子秋游积赞卡未积满，没有获得秋游通行卡。看着他沮丧的样子，我并没有随意帮他积满。到了秋游前一天晚上，我特意给他妈妈打了一个电话，告诉他，虽然积赞还差一个，但他最近数学作业做得认真，有进步，老师愿意给他补上一个赞，明天可以跟着老师去秋游，不过，要紧紧跟着老师，不能乱跑。孩子听了，非常感激，这是一个极其敏感的孩子，对老师的照顾完全能体会得到，第二天，他果然没有太调皮。

一次语文课，我编了一首儿歌，指导孩子们一句一句拼拼音，当拼到"袋子里有好东西，一块小蛋糕。"这一句时，孩子号啕大哭："你又在骗我们读拼音，袋子里不可能有蛋糕。"我跟他说，先别着急，拼完整首儿歌你就知道了，但他依然哭哭啼啼，我告诉他，再哭，等下一定会后悔的，他终于不哭了。读完儿歌，我拿出了袋子里的蛋糕分给每人一小块，这孩子还没拿到蛋糕，就跑过来说："老师，对不起，我误会你了。"我说："你要相信老师，我从来不会骗人的，不过蛋糕是不是小了点？"他说："你写着就是一小块，你没有骗人，一小块，也是老师对我们的爱。"从那以后，他对我们的常规要求没有那么抗拒，基本上我要求什么，他都会努力去做。这真是一次无心插柳的分享，让我和孩子之间建立起了信任的桥梁。当然，我也跟任课老师说了，在我们班里，不能轻易承诺，说到就要做到，不然会很尴尬。

所谓"亲其师，信其道"。往后，我说的话他都能牢牢记在心里。有一次楼道很黑,有孩子装鬼吓唬大家,我给他们讲了多米诺骨牌的原理,告诉他们这是在拿生命开玩笑。原来,他非常害怕声音,胆子非常小。从此,孩子就把这句话当成了口头禅,下课的时候看到危险动作就把这句话搬出来教育同学。借此,我们给他套上了红袖章,聘他为"彬彬有礼提醒员",他做得可认真了,用他精准的表达向各个班主任们汇报危险情况。渐渐地,在走廊上疯狂转圈的身影不见了。

我原以为他是一匹狼,其实他只是一只猫。当他被同学发现做错事情的时候会大哭:"怎么办?我又犯错了,大家又要嘲笑我了。"我非常感谢这个敏感的孩子,他让我听到了孩子们的心声,一年级的孩子,在一个新的环境里犯错误的时候,他们会害怕,他们渴望解决方法。这也让我更加笃定地使用《正面管教》的方法,在我们班里,允许孩子们犯错,我们把每一次犯错当作是一次教育的契机,大家一起来判断对错,一起来想解决办法。低年级孩子,德育要讲究时效性,越及时越能加深印象。所以,这样的讨论会可能在吃点心的时候,可能在放学路上,也可能在活动结束的时候。当小鲁为写不好字烦躁不安而大叫的时候,就会有很多小朋友围在他身边教他、安慰他;当他队伍不够齐的时候,有人会提醒他,把他拉进队伍。

没有了恐惧,没有了自责,自信心就来了。班级人人岗,他和另外一个活泼的女孩自荐成为我的语文课代表,不知不觉,他们俩成了班里的最佳拍档。体育活动时他们互相压腿,课前一起分发作业本,旗下讲话,他们自己合作排练,代表班级去幼儿园分享小学生活……在妈妈的配合下,每一个机会他都能非常好地把握住。

学期的最后一个月,孩子已经能完全投入整节课的学习,非常爱发言,几乎每个问题都迫切想回答,几乎每门学科都这样,要是请别人回答,他就像泄了气的皮球,摊在桌上。我找他谈话:"孩子,最近你上课实在太积极了,每个问题都想回答,说明你上课听得非常认真,而且懂得也特别多,老师如果不叫你回答,看你伤心的样子,都有点不好意思了。"他笑了,我继续说:"可是,老师有点为难,如果都叫你回答,其他小朋友就没机会了。"他马上说:"老师,我懂了。"我又补充:"那我们约定,下次我觉得有难度的问题请你来回答,简单的问题就让给其他同学回答。"他满意地点点头。

就这样小心翼翼地呵护着,一步一步地引导,一句一句地鼓励,期末,我收到他妈妈的回信:

　　鲁××经过一学期的学校生活，从最初进校时懒懒散散、我行我素到现在能听从指挥服从命令，转变非常大。老师布置的任务能力所能及地完成，同学之间也能友好相处。

　　在家庭中，从家长的眼光看，他现在能很好地遵守自己制定下的学习和游戏娱乐时间计划表，不需要家长强制执行，听到闹钟铃声一响就能执行下一项计划。

　　在个人习惯上：学校的抽屉还是比较凌乱，书包里的书本不能整齐放好。在书本上画画的习惯有所收敛。希望下学期能进一步改正这些不良的习惯。

　　此刻，让我想到了冯骥才先生看着趴在肩头熟睡的珍珠鸟说的话：信赖，往往创造出美好的境界。

第二篇章　温情治愈

看到你的第一眼,我就很慌张

胡鹏洋

在之前的班主任生涯中,因为中途接班,也或者是自身经验不足,我遇到过一个性格非常偏执,油盐不进,甚至想在教室里跳楼的孩子——小沈。他的长相深深烙印在了我的脑海中,一段时间以来,都成了我心中的噩梦。转眼过去了三四年,我以为,我淡忘了,噩梦不会再来。

直到,产假回来的第一天。我看到他的第一眼。

天哪!怎么会有如此相似的人,一样的眉眼,一样的姿态,就连那两颗小龅牙突出的幅度都如此相似!这……三四年之后,难道还会噩梦重现?

是噩梦吗?

产假回归的第二天,社会老师和我来反映情况:"小黄同学太过分了,在课上直接和我互怼,我说一句,他说三句。提醒他听课,他给你翻白眼,提醒他做笔记,他给你笔都扔了。这个孩子怎么弄?"

英语老师也来找我反馈:"小黄同学的英语默写啊,真的是非常糟糕,他从来不背单词,早上默写错一堆,那几个字母拼凑得就像打架一样,让他来订正真的是非常辛苦,叫一声两声根本都不会动,非得走到他旁边,才会磨磨蹭蹭找个本子,磨磨蹭蹭找个笔。这还是心情好的时候,心情不好,根本不理你。他那副样子,我真的真的受够了!这个孩子我能不能不管啊!"

同学小王在自修课结束后来找我:"胡老师胡老师,你快去管管小黄,他把水笔的弹簧和笔芯拆出来，在那里发射火箭，发射了一节课，声音很响也很烦，还有好几次弹到了我身上，你看我的校服上都被画起来了，还有A同学、B同学、C同学，他们也都被弹到好几次。"

小黄同组的小陈同学说："胡老师，之前你产假没有回来的时候，代班主任让小黄同学当组长，但是他这个组长上课带头讲话，下课也是没有一点组长的样子。我们组从开学到现在根本没有一次周冠军过，更别提月冠军了，我们组员都已经开始摆烂了，我们私下里叫他摆烂组长。"

通过以上这些人的反馈，我大概摸到了小黄同学的脾气——很叛逆，软硬不吃，稍有不顺还喜欢破罐子破摔。脑子很聪明，但是文科严重短腿，似乎记忆和背诵在他心里留下过巨大的阴影。以上这些，看似问题小小，但是每一桩每一件在爆发的那一瞬间，真的也很让人懊恼。也巧，以上的这些特点，三四年前教过的小沈身上也有。噩梦真的卷土重来了？我真的不希望这样的事情发生，我很害怕。甚至看到他的那张脸，我就会心头发颤。

意外的惊喜

10月19日，周三，是我的生日。打开手机，小黄同学的头像就闪啊闪的，我以为是发生了什么特殊情况，要请假。结果一打开，却发现是一则视频。小黄同学所在的组里的每一位成员都出镜了，每一位同学都给我录制了一段生日祝福，每一句祝福语都很真诚，绝不是随口一说的"生日快乐"的那种敷衍说辞。视频的开头就介绍，视频的结尾有出演人员名单等，整条视频还有生日歌作为背景音乐，制作真的是非常精良。正在刷牙的我都被视频里的内容逗笑了。看完视频，我又看到了小黄妈妈发来的文字："胡老师，我们家小黄特意拜托我昨晚零点给您发视频，可惜我自己没有熬住，睡过了，不好意思啊。"

看完文字，我连忙表达我的感谢和我的感动，于是就与小黄同学的妈妈简单聊了起来。在聊天中，我得知，祝福语真诚是因为小黄同学不厌其烦地让组员改了一遍又一遍，过了他那一关才行。一个组里有8个人，收齐视频，反馈结果，修改制作，工作量真的很大。何况小黄同学是在周中完成的这项艰巨的任务，我真的感动极了。没想到这么一个叛逆偏执的孩子也会有如此细致走心的一面,这和小沈很不一样,我感到暗暗欣喜。

原来,你也常常被打

接下来的一个月,很失控,班级了发生了好几起大事件,小黄都参与其中。小黄先是当着全班同学的面踹了小李的屁股,边踹还边大声叫嚣着"我就是看不惯你,见你一次打一次";一次是他和组里的同学闹翻了,课间把自己关到工具间里,任谁怎么劝都不出来;一次他和小王因为吃午饭排队的事情大打出手,拿起饭盒互殴;还有一次大课间趁着我转头的功夫,他和小李又一次大打出手,踹肚子,抢胸口……一个月,同一个人身上发生四次打架事件,性质真的很恶劣,导致班级里的部分同学见到他都避而远之。因为处理打架事件,和小黄聊的次数多了,我发现,小黄同学每一次出手都带有一些"正义"和自保的色彩。打小李是因为小李大课间晨跑和课间在教室帮老师发作业总是偷懒,不仅偷懒还爱表现,他看不惯;打小王是因为小王先骂他,又拿着饭盒跳起来暴打他的头;和组员闹翻是因为组员总是说他摆烂,组里也在说丧气话。

我发现似乎这个孩子的本心不坏,只是他处理问题的方式,很奇怪。

有一天,小黄没有带饭盒,我趁机带着小黄去食堂吃饭,边吃边聊,我才发现,原来,他从小就是被父亲和母亲打大的,一有不如意,等待他的就是一顿男女混合双打。虽然现在小黄长大了,父亲母亲不打他了,但是他心里的创伤还在。他也很讨厌打人的行为,但是从小被打的创伤已经潜移默化地成了他处理问题的方式。何其可悲,又何其可怜!

"就允许你,浅浅臭屁一下"

知道小黄同学心里有班级,心里也有我这个班主任之后,我就更加不能辜负小黄同学的这一往情深。小黄同学果然也不负众望,每天总是能爆发出1~2个闪光点。一看到闪光点就我给他妈妈发消息,让小黄妈妈狠狠表扬他。我也通过家校联系本,把我看到的,听到的都写下来,让小黄知道,我在意他的改变,并且为之感到欣慰。知道他懂电脑,精通技术,碰到班级里、办公室里任何需要电脑处理的问题,我都主动示弱,请他帮忙。承办年级大会的时候,我把播放PPT调试音频等活儿就交给他,称呼他为"技术总监",让他坐在所有同学的前面,还热情地把他推荐给其他需要在报告厅调试电脑的老师们。他作业写得快,我就每天都在班级群里表扬作业写的快的同学们,并且让他在班会课上做"如何提高作业效率"的分享。他认真负责,我就让他当纪律委员,专门帮我管理晚自修下楼的纪律。小黄同学上课难得举起了手,只要我看到就一定会叫他。小黄似乎变了一个人,变得可爱很多。期末模拟考试的时候,小黄同学的进步是全班最大的,直接进步了120名,跃居榜首。他还觉得自己的社会太弱,主动去找社会老师,请求帮自己讲解知识点。对于班级事务,他也很上心,会来找我探讨班规的修改完善。

小黄同学,你过来,这段时间你的表现我很满意,就允许你浅浅臭屁一下。

育人无他,等待时机,予以引导,静待花开,仅此而已。

厌学男孩"回归"记

徐灵佳

"老师,小宇早上胃不舒服,请假一天。"

"老师,小宇今天早上把自己关在房间里不愿意出门,请假一天。"

"老师,小宇今天公交车坐过头了,现在刚回来状态很不好,请假一天。"

……

接班一个月,小宇已经连续好几天没有来上学了,他会故意装病,甚至公交车起始站和终点站来回坐,只是为了逃避上学。

小宇原本是一个非常阳光自信的男孩,自从前年父母感情不和开始分居闹离婚后就一直郁郁寡欢,上课昏昏欲睡,回家一直玩游戏不愿意写作业,到后面经常不愿意来学校,厌学情绪越来越重。

走近感化 温暖时光

刚开始,我每次找小宇沟通都是约法三章,要求他作业能认真完成,能按时来学校,不玩电子设备,可他每次都是嘴上答应我,一回家就食言了。

我决定换一种方式,不再去"要求"他,而是先走近这个男孩。每天到学校后,我会摸摸他的头说:"小宇,早上吃饱了吗?"在冷空气来时,我会提醒他要多穿衣服;在他感冒时,我会给他送上感冒药;课间我会和他聊聊最近的课能不能听懂,作业会不会做;孩子妈妈每周二要值夜班,有时候没时间接他回家,我会亲自送他回家……几周下来,我和小宇之间的距离缩短了很多,他开始跟我说他的心里话:"我以为只要我生病了,爸爸就会回来看我,妈妈也就不会一直骂我……"我意识到造成孩子厌学的根本原因在于"隐形"的爸爸和"焦虑"的妈妈。

撬动支点　修复母爱

我将孩子的妈妈约到了学校,说明了孩子的现状和内心的想法,妈妈也意识到自己这两年因为家庭的关系对孩子的关爱太少,责备过多,给孩子造成巨大的伤害,希望能和学校合力一起"拯救"孩子。

之后,妈妈每天会在我的指导下去发现孩子的闪光点,在情绪上肯定孩子,在行为上支持鼓励孩子,每天烧一些孩子喜欢吃的菜,周末带孩子出去亲子活动,孩子生日当天给孩子举办生日会……此外,妈妈还在网上报了"如何正向引导孩子"类的网络课程每天学习,希望能和孩子一起改变。

班级每周班会课都会有一个"父母能量弹"的环节,将爸爸妈妈提前在钉钉上给孩子写的寄语读出来,鼓励孩子学习。这一周的班会课,读的是小宇妈妈的来信,当我读完信后,小宇已在位置上哭的泣不成声,我相信他此刻能感受到妈妈的爱一直都在。

同时,我在和小宇聊天的过程中会引导他正确看待父母的婚姻,父母有权利决定自己的婚姻走向,但是爸爸妈妈对他的爱一点都不会因此减少,同时,孩子也永远是爸爸妈妈的纽带,他们永远都是一家三口。

发掘亮点　合力帮扶

亲子关系逐渐和缓的同时,我与任课老师合力帮助小宇在学习上找回自信。老师们课上会叫小宇回答问题并大力点赞,课间会把小宇叫到跟前辅导功课,英语老师和化学老师还在班级同学面前上演了一出"抢小宇当自己课代表"的大戏,体育老师课上总让小宇给同学们做动作示范……

小宇是一个很正能量的小孩,一天傍晚,学习委员在记分牌前算一天各小组的得分,我看到小宇一直站在学习委员边上关注自己小组当日的得分。看到这一点,我马上就在班级里表扬他,希望班级同学都能有小宇这样的集体荣誉感,随时关注自己小组的得失。在我表扬他之后的几天,小宇上课和作业更加认真了,同时还督促自己的组员按时完成面批,因为他想给自己的小组多加点分数。班会课的时候,我继续点赞:"小宇,你就是班级的小太阳,因为你,这个班级很温暖很正气,这个班级有你真好。"小宇听到我的点赞害羞地笑了。

小宇理科思维是不错的,但是英语一直是他的弱项,英语老师说他其实是可以学好英语的,但是因为落下的太多越来越失去兴趣,抗拒学习,每天不愿意花时间去背。班会课的时候,作为一个数学老师,我在全班同学面前向小宇提出了英语挑战,期末考我会和大家一起考英语,分数低的要满足对方的一个心愿,小宇兴奋地接受了我的挑战,在全班同学的见证下签了挑战书贴在教室后墙。挑战仪式后,小宇每天晚上非常认真地准备英语老师布置的背默任务,一开始几天默写错的还是有点多,后来正确率一天比一天高,有一天他兴高采烈地来跟我说:"老师,我今天默写全对!"我顿时被这个像太阳般闪耀的男孩暖到了。期末考我如约和小宇一起英语考试,最后我以微弱的优势险胜,向小宇提出心愿"我希望你在家能放下手机,全力拼中考",一诺千金的小宇当天就把手机上交给了妈妈。

再触痛点　持守相伴

一天早上,小宇的座位又空了……我的一颗心又悬了起来,我赶紧打电话给小宇妈妈,妈妈说昨晚孩子爸爸打电话来,两人电话吵架被小宇听到了,小宇的情绪再次受到了影响,早上自己一个人出门了但是不知去向。我们调取公交站的监控后发现小宇在中途某站下车,一直坐在公交站的椅子上。找到他后,我冲到他面前抱住他,跟他说:"老师一直都在,我们一直都在,不管有什么困难,我们一起面对。"我安抚了小宇的情绪,带他回学校,并请小宇在学校食堂星巴克吃午餐,他含着泪说:"老师,对不起,让你担心了。"

妈妈的守候持续相伴,老师们的关心让小宇备感温暖,同学们的帮助让小宇越来越自信,小宇逐渐走出了内心的阴影。他是年级晨会"说说身边的感动"故事的主人公,是年级表彰大会在台上闪闪发光的进步黑马,他所在的小组还获得了班级学期月冠军小组……那个阳光、温暖的小宇逐渐回到我们的身边。

后　记

毕业了,小宇妈妈给我发了一条信息:"徐老师,我知道我这失败的婚姻给我儿子带来很大的创伤,谢谢你帮我找回我儿子!"

高中开学了,小宇妈妈经常给我发小宇在新学校的一些视频,小宇会在军训表演上领舞,在班级里主动竞选班委,看到那个阳光自信全身散发光芒的小宇,我眼眶湿润了。

走过茫茫高原,才知太阳的燥热,经过漫漫长夜,才会拥有黎明的彩霞。生命没有什么过不去的坎儿,有时所谓的绝境只是人生中一个小小的拐角,转个弯,便峰回路转,你会看见"柳暗花明又一村"的明媚与温暖,正如我们相"育"。

有事找我，我就是你的110

金冬梅

　　四年前，我刚接手703班。在第一次见面会上，刚进入教室时，我就注意到了这个坐在教室最后排的孩子——小徐。他没有同桌，桌面也空空如也，不像其他同学对班主任充满着好奇与期待，他只是呆呆地望着窗外，神情冷峻。

　　很快，我发现他并不是真的"静若处子"，其实在课间他"动若脱兔"。我不知该如何走近这个孩子。带着一些疑问，我向他的小学老师、家长和老同学了解情况。通过沟通，我了解到他有多动症，注意力非常不集中，对事物永远都有很强大的新鲜感，在小学里就满校园跑，学校没有他不知道的地方，时常会搞坏学校的公共物品；他思想极其单纯，容易轻信他人，受他人误导，常常成为班级中的"顶罪羔羊"；他上课时永远静不下来，小动作过多，思想非常不集中，极易开小差。家长说小学阶段曾特地要求小学的班主任对他罚站一星期以示惩戒，然而无效。他也因此对老师很抵触，在老师面前不愿意卸下防备。

　　我想，作为一名教育者，我们更应该跳出"教育者"的这个身份，来看待我们的学生，尤其是对于班级中的个别情况，我们应该要从一个人而不只是一个学习者的角度来看待，他们不是一个个学习的机器，他们是一个个生动可爱、活泼多彩且有着无限潜力的人。

　　针对他的情况，我先与他进行沟通，主要以谈心为主，不聊学业，并在谈话中告诉他现在我脱去了"老师"的身份，以一个"姐姐"的身份与他交流。我还为他准备了"密码笔记本"，与他在"密码笔记本"中以书信的方式沟通，打开笔记本的密码由他设定，密码除他外也只有我知道，在这里他可以畅言，非常安全。在这样的书信交流中，我逐渐走进他的内心，了解他的情绪与想法。

　　小徐告诉我其实他也想上课举手发言给小组得分，当他们小组获得月冠军的荣誉,上台领奖时,组员让他站在组长后面,他却默默地去站到了最后一排。他认为自己时常给小组扣分,没有底气站在组长后面,但他内心其实也十分希望自己能够为组争光。他清楚地记得开学两个月的时间,他代表小组进行两次大展示,为小组拿到了6分。然而更多的时候,他无法管住自己的行为而触犯规则,导致扣分。对于此类师生情感关怀缺失类的学生,他最需要的是同学与老师的关心与接纳,在转化他的过程中,"关键事件"就是他在小组中因为时常给组扣分而大家都不喜欢他,不接受他,认为他总是给小组拖后腿,这给他的内心带来极大的挫败感与危机感。我在信中对他的正面表现表示了极大的肯定,对于他现在还存在的问题进行恰当的劝导,让他在面对这样的困难时能够正视、不逃避,继而反思自己可以改进的地方有哪些。我也认真严肃地告诉他:"在以后的学习与生活中,有任何困难或困惑都可以随时找我、告诉我,我就是你的110!"这句话让小徐震撼且感动。他告诉了自己的父母:"我们班的老师对我很好。"随之我也对其组员和组长进行沟通,让他们不能放弃任何一个组员,要利用自身的积极态度带动全组同学的向上发展。逐渐,徐同学对小组与班级都有了归属感,他为在这样的班集体中而感到自豪与骄傲,不良行为渐渐减少,到最后一个月已经不再给班级和小组扣分。

同时,我了解到他有喜欢《火影忍者》、喜欢打篮球等与我共同的爱好,于是我利用这个优势,从这些共同的爱好入手,赠予他《火影忍者》的周边玩偶,在课余时间约他打篮球,在体育活动中与他建立友好的关系,逐渐让他信任我,愿意听我的。除了在生活中,我在课堂上也不断给予他关怀,根据他的学习情况,为他提供各种答题的机会,让他在答对问题中找到成就感,激发其学习的兴趣,并对他的点滴改变给予关注与鼓励,及时在班级中点赞。到了临近期末的阶段,他已经能融入班集体,课堂关注度上升,成绩也逐渐提高,和师生都建立起了和谐的关系。

后面三年的学习时光里,这个执着可爱的小家伙真的很耀眼,长成了苗壮的样子,没有胆怯,没有执拗,向阳生长!

用心动其心，以制辅其行

张昊琦

起因——什么让组长哭泣

下课了，各位组长们帮忙收着导学案，第二组的组长却一低头就趴在了座位上，肩膀一耸一耸的，看起来很伤心。在走向她的过程中，我的心中也打着小鼓，她是一个学生和老师眼中的优等生，成绩优异，性格好，天天笑呵呵的，和同学们的关系也都不错。到底是什么原因让她这样伤心呢？上课的情境一幕幕在我的眼前闪现。

是小展示时组内同学闹意见了吗？似乎没有，我刚好是这组的指导老师，特意留意了，小展示时组长分配到位，讨论层层递进，并没有矛盾。

是上课时我的评价伤到她了吗？似乎也没有。作为大展示的主力成员，她有着丰富的领学经验，也能虚心地接受同学和老师的意见。

还没等我走到她身边，同组的其他孩子就解决了我的疑问。他们冲到我面前，皱着眉头跟我讲："张老师，俞同学双休日又没有做作业！什么作业都没做！我们组的分都要被他扣完了！"我明白了，按照约定，对于没有按时完成作业的学生，除了需要补做以外，各科老师对该学生所在的小组，都有相应的扣分。我的扣分无疑成了"压死骆驼的最后一根稻草"，可"压死"的不是没做作业的学生，而是这一组的组长。我走到了她旁边的座位坐下，心里觉得又好笑又心疼。笑她把分数看得如此之重，竟因为小组扣分太严重而崩溃；心疼她如此尽心尽责地承担监督组员的职责，却换来这个结果。而坐在她对面的就是"罪魁祸首"——俞同学。此时的他面无表情，肉嘟嘟的手在熟练地转着笔，胖乎乎的身体随着脚抖动的频率有规律地起伏,黑框眼镜后面的一对小眼睛时不时朝着组长这儿瞟一瞟,又朝我的方向瞟一瞟,似乎有点儿心虚但想要表现出来的是这事儿与他一点关系都没有。没等我张口,其他组的组长也围了过来,站在第二组组长身边,以一种过来人的口吻安慰道:"没关系的,每个组都有这样的人,你看我们组的邓同学,天天这里扣分,那里扣分,为组里带来的也都是扣分……"

几句话似乎触碰到了俞同学的伤口,突然发话:"那她也不能这样说我。"她,自然是此时趴在桌面上抽泣的组长。看来组长管理的时候也遇到了阻碍。

"你说说看你为我们组做了什么?做了什么?拿过几分啊!啊?"一直趴着的组长突然爆发,抬起头用颤抖的声音开始咆哮……"好了,无关的同学回到座位上,准备上课了。"围过来的学生越来越多,眼看着就要演变成小团体的爆发,用着老师的威严,我把看热闹的学生轰回了座位。这两个人现在正在气头上,也不适合好好讲道理,我心想着把哭着的组长拉到了一边。而此时班主任刚好走进来,看了看我这边,心领神会地把俞同学带出去了。

等到组长冷静下来了,我与她的交流也并不困难。

"在未来的生活中、工作岗位上你也会遇到形形色色的人,不可避免地,我们还要想办法和他们和谐相处。"组长抬起头,开始盯着我的眼睛,我知道她听进去了。

"因此,现在就像是提早演习一样,你的组员——俞同学可以帮助你更早地掌握这些交流技巧,就像刚才,他好像不太喜欢你跟他说话的方式,也就没有办法听进去啦。"

组长默默地点了点头:"我是不应该骂他。"把组长送回座位,我的心里很清楚,这已经不是组长自己能够处理的问题了,老师们必须介入。而矛盾的关键点:一、俞同学不做作业的行为,不仅影响到了他自己,同时影响到了周围的同学;二、扣分。更详细一点,就是评价制度中的奖励与惩罚。

反思——小组扣分制度治得了"俞同学"吗?

我回忆了以小组为单位的扣分制度设立的初衷。以小组为单位的扣分,一方面是让每一位组员有一种主人翁意识,能够在不为小组拖后腿的思想驱使下,学会自己约束自己，不论在学习上还是生活上都能够规规矩矩；另一方面是让组内能够相互监督，当组内成员出现问题时，没有办法"事不关己高高挂起"，因为客观上小组成了一个小集体，只有大家都好，才是真的好。因此经常出现这样的现象，当组员出错时，并不需要老师出马，同组的组员有的是法子让出错的组员乖乖认错，下次再也不敢。但是这样一刀切的政策很明显出现了问题。班里总会有几个"老赖"，因为自身的错误为组内带了数不尽的扣分，其他组员凭借着优异的学习表现，生活习惯挣得的分数，被他们几个"挥霍"干净。而这些学生也各不相同，有些学生因为学习、生活习惯不够好，难免会多处为小组带来扣分，这使他们感到羞愧，有些对不起组员，因此会去尽量弥补，一方面想办法为组内挣取分数，一方面开始尽可能地约束自己，避免错误的发生。对于这些学生来说，组内捆绑评价是有一定的效果的。但是以俞同学为例，刚开始也许心里有些愧疚，畏于组内的埋怨尽量约束自己，但是现实的诱惑远远大于他的自控力，久而久之，他也习惯了扣分，这样恶性循环，使得他放弃了"挣扎"，选择原地不动，静观其变。因此，最后由他引起的小组扣分并没有对其产生积极作用，还苦了这一组的组长与组员为他承担后果。

因此小组扣分制度治不了俞同学。为了管理班级，我们会制定许多规定，并且根据实际情况进行修改与强化，对于大多数学生来说，这是一种硬性的约束，但面对"俞同学"，这样的制度"失灵"了。

交流——"他"真的这么不堪吗？

事件中，最直接的矛盾产生点，便是俞同学不做双休日作业的现象。这样的现象之前也出现过。而在与班主任的交流中我也了解到，俞同学是由爷爷奶奶抚养的，父母外出工作，不在身边。父母的不过问，放心地"撒手"，加上爷爷奶奶隔辈亲的溺爱，直接导致他缺失了家庭的监督，而他本身学习习惯不太好，比较懒惰，因此遇到了时间较长的休息日以后返校，常常出现交不出作业的情况。

把俞同学叫到办公室，他不安地在我跟前晃悠。

"张老师我补好了，你现在帮我批掉吧。"俞同学把他的双休日作业摊在了我的面前，映入眼帘的是他标志性的又大又密集的字……每次没做的作业他不会赖掉，我也并不担心。

"今天上课看你有些困意啊，双休日愉快地打游戏去了？"我把他的作业先收到了一边，用轻松的语气调侃道。他之前和我说过，双休日没做作业是因为游戏。

"对呀，"他没想到我开始闲聊，顿了顿，"打游戏太累了，我从晚上10点打到早上5点，连续打了三天，哎实在困，没时间写……"他把头低下去，脸上却是带着笑意有些享受地陈述着双休日"修仙"之旅。

"你也真是够实诚的，这些都跟我说……"我忍不住笑了出来，本着和他聊天的心态听他讲这些事情，多了些心平气和，少了些平时兴师问罪般生气的感觉。

"张老师，因为你给我扇过风……"

"嗯？"我被他说蒙了，大脑开始高速运转。

"军训的时候……"俞同学似乎有点嫌弃我的记忆力，小声地叹着气。

记忆回到几个月前的初一新生军训。我对他最初的印象是那个拖着行李箱满头大汗的小白胖子。那个时候还不知道他的名字，我作为军训活动的机动人员，正在协助班主任检查行李箱中的危险物品。突然身边的同学们闹了起来，走近一看，他流鼻血了。递给他纸巾，做完处理措施，我拿起身边的帽子开始给他扇风……

突然有点小感动，原来这么小的事俞同学还记着呢。回想刚才他和我聊游戏那个绘声绘色的样子，在那一瞬间，可能我并不是那个因为他的错误而兴师问罪的张老师，而是那个军训时给他扇扇子，在他窘迫时伸出援手的朋友。我都有点儿不知道怎么接他的话了。

俞同学刷新了我对他的看法，看上去这样一个不拘小节的人也有细腻的心思。我开始反问自己，他真的是表面上看起来不求上进、不思进取的学生吗？并不是，我很快地给出了否定的答案。撇去双休日在家的表现况，平时俞同学在学校的表现还是很不错的。除了每天的作业保质保量完成以外，他上课常常和我"搭话"，虽然有的时候觉得他有点烦，但的确都是我想要的答案。

"下次上课想要讲话记得举手。"我说了句毫不相干的话。

"哦。"似乎被我思维的跳跃吓了一跳，俞同学用本能答应了我。

谈话很快就结束了，我没有提及任何关于作业的事情，他也没有说任何与组长的矛盾，但似乎俞同学走出办公室的时候很满足，很巧，我也是。因为我渐渐地清晰了，接下来应该怎么做。

后续——俞同学与我的"5分钟"

在第二天的课堂上，我宣布了一个决定："在原有的小组扣分机制上，我们多出'一天补救'机制，即有机会补完作业，扣分减半。"我停了停，"但是同时需要抽取一张任务卡完成才能够生效。"说着，我拿出了手中的一叠任务卡。其中有"帮组员做一件事""夸一夸你的组长"等等。我看到了俞同学渐渐抬起头看着我，同组的组员也向他投去了有些小庆幸的目光。"昨天未交作业的同学中，只有俞同学在放学之前主动补齐交到了我的手中"，我继续说道，"因此，请俞同学上台抽卡，成为新制度第一个受益人。"话音刚落，他摇摇晃晃地走上来了。他抽到的是"和张老师聊5分钟"，台下的同学们笑了。我知道他们为什么笑，在大多数学生心里，不做作业还和老师聊天约等于被老师批评5分钟。我看向俞同学，他却没有笑也不再摇头晃脑了，自信地看了我一眼："没问题！"设置卡片的时候，我是有私心的，其中，我放的最多的就是和我的聊天卡。我希望，俞同学能够抽到。概率也在帮我。

下了课以后，俞同学迫不及待地找到我。"张老师，你想聊什么？"他的眼里闪着光，似乎在说：聊天还不容易嘛，我最在行。"你想聊什么就聊什么，自由发挥！"我答道。他愣了愣，似乎毫无准备，毕竟一般与学生的谈话总是老师问学生答。"那我问你道题吧！""好啊。"这一次聊天以回答问题结束。

下一节课铃响，我把第二组多扣的分加了回去。在后面的课堂中，俞同学仍然保持着"插话"特性，我盯着他许久，请了别组的同学回答。几次以后，他似乎想起了我昨天那句前言不搭后语的话，终于闭着嘴巴举手了。后面的一切便顺理成章，我立刻把他叫了起来，并且大力表扬，同时不忘加上小组的点评分。

我很开心看到了俞同学的变化。直到下一个周末的来临，一切又回到"最初的起点"——周一看到了俞同学的作业，仍然没有写完。我告诉自己，改变不是一蹴而就的，需要时间。

这一次是他主动来找我的，当然带着他补完的作业，和关不上的话匣子。渐渐地，不需要什么任务卡，他来找我的聊天的次数变多了。他说组长其实人挺好的，他说这次游戏他少打了1个小时，他说下次有什么惩罚要早点告诉他，他说他在家里没什么人聊天……虽然每周一他的作业还是交不齐,但是我渐渐地感受到,他更阳光了,更自信了,对学习也更上心了。

感悟——用心动其心,以制辅其行

心理学告诉我们:若是教师的教育转化为学生的情感经历,那么学生会产生相应的态度来对待老师,一旦教师与问题学生之间有情感的沟通,教师就会取得学生的信任,学生就会愉快地接受教育。

从这一事件中我也深有感触。其实每一个老师最初的最初都是怀着一颗爱学生、包容孩子的心走向讲台的。但是为了公平、为了管理,一条条冷冰冰的规则变成了老师手中的利器,希望学生有所忌惮。渐渐地,学生忌惮的不单单是做错事、不单单是规矩,学生变得忌惮老师本身。我原以为走到教室中学生就能安静下来或是老师不在学生也能一个样是一件非常了不起的事情,因为学生听话,而教育正需要他们听话。但我们忽略了他们真正想要的、需要的。以至于突然出现几个“不听话”的便殚精竭虑、绞尽脑汁想要用“制度”、用“扣分”把他们捆住。我们忘了,这些“制”只是“臣子”,只能起到辅助作用,而真正能够让学生信任老师,让学生愉快地接受教育的是“5分钟聊天”,是老师对学生的信任,是老师对学生的爱。

柔情浸心，以爱育人

——一个孤独症孩子的成长故事

卢杏花

起·细致观察爱为引

"不要，我不要这个班，我要去五班，就要五班！"开学第一天初见小雨时，她哭闹着想要去她自己选择的班级。为了平复她的情绪，我只能先让她在五班参加新生体验。在新生体验结束之后，我立即联系了她的爷爷奶奶，和梅老师、李校、谢校、赵老师交流孩子的情况，商讨今后的帮扶办法。

与家长交流结束后，我再次见到小雨，她正坐在空旷的教室里拿着彩笔涂鸦，旁边是和她轻声细语交流的林老师。心想：这个从小到大由爷爷奶奶带大的孩子，一定需要更多老师的关爱吧。孩子还没吃午饭，我办公室取来一瓶牛奶递给她，俯下身子，同她平视，和颜悦色地告诉她："我是你的卢老师，欢迎来到103班，从此你就是103班的一员了。明天你就到这个班上课哦。"她认真地听着，眼睛亮亮的，很有礼貌地回了一句："谢谢老师。"我想她是把这句话记在了心底。

承·激励引导定规则

第二天时，她如约到了教室的位置上坐好。当班里的小朋友因为坐姿端正获得星星贴纸时，她就叫着喊着："我要！我要星星！"我告诉她坐姿端正的小朋友就能获得，她却等不及站起来冲到讲台，一边说着"我抢，我抢，我要抢"，一边动手抢夺贴纸。我将她的手轻轻搭在手心里,另一只手轻抚着她的后背,弯腰和她对视,缓缓说道:"回到位置上吧。只有坐得端正的小朋友才能获得奖励,你也可以的!而且这样得到的星星才是最有价值的!"她看到我的坚定,随即乖乖地回到位置上坐好。

待她坚持了一段时间,我轻轻走过去,夸赞:"哇! 小雨坐得很端正。"将一颗星星拿给她。收到星星的她,高兴地说:"我有一颗星星了,我还想要!"我微笑地看着她说:"你只要坚持坐得端正,就可以继续获得星星。"那段时间,她对星星的获得有着执着的追求,经常会数着"一颗两颗三颗……"一天结束后,她还会兴奋地跑过来告诉我她获得了几颗星星,我从不吝啬对她的表扬和鼓励。得到老师的肯定和表扬后,她表现得更努力了。但是其他科任老师反馈她比较难管时,我就与科任老师交流了对她的育人方法,果然,一个学期过去后,她已经能够很好地控制自己的情绪,并且在没有星星激励时,也可以遵守课堂纪律和奖惩规则。

转·家校协同谋方法

对于特殊孩子的家长,我能理解他们的内心常是极度敏感和焦急的。继开学初的"各方会谈"之后,当我再次想要与他们对小雨的情况进行交流时,从爷爷奶奶到妈妈都是用强硬或逃避的态度拒绝我的提议。但孩子在小学阶段的成长离不开家校联合,我依旧积极地寻找交流的突破口。起先是放学时和负责孩子接送的爷爷奶奶交流孩子在校的表现,表扬孩子变化的同时,指导他们在家庭教育上可以配合的一些措施。开学不久的一天,我带领孩子们放学,小雨爷爷在一旁冲我微笑,主动向我询问孩子在校的表现,并和我说起了小雨很感谢老师对她的关心,特别是吃饭的时候。原来因为我知道了小雨是回族,不能吃猪肉,而学校的菜品是随机的,有时她只能吃到一份蔬菜或者清汤。我看着心疼,也只能给她多一点米饭,偶尔多出一块鸡排,我会多给她一份,有时我会在班里吃饭,我会把鸡肉夹到她碗里,会问她,好吃吗? 吃饱了吗? 没想到,小雨回家会和家人说起。这使我和家长的交流也顺畅了,因为家长知道老师是真心为孩子好,并体现在孩子学校学习、生活的方方面面。从第一次听到广播操的音乐时瑟缩在角落里不知措施的模样,到后来能跟上节拍,动作标准地练习;她的铅笔字书写水平也已经在班级中处于中上游……这些点点滴滴的背后,我可以看到她的家长在她学习上的关注和督促,和她自己的努力与坚持。

结·以爱滋养待花开

患"孤独症"的孩子在一个普通班级里常会成为一颗隐形的"定时炸弹",因而成为令班主任头疼的难点、痛点。在处理小雨问题的实践过程中,我逐渐掌握了帮助她成长的方法,概括为三"解"。首先是"了解",了解她的家庭情况,她的生活需求和性格特点,以此简单勾勒出对她学习生活进行指导的草案。其次是"解释","孤独症"并不表示她蛮不讲理,她是常常表现出想要得到的欲望,但她并不知道获得的渠道和方法,所以需要老师在旁柔声告诉她,让她明白规则,她迫切的欲望可以就此转化为动力,激励着她遵守规则。最后是"理解",理解孩子,也要理解家长。当老师和家长都想要达成让孩子健康成长的目标时,更不能彼此针对,而是积极配合,交流孩子在不同阶段的信息,让孩子能够得到全方位关注。也许我对孩子的一点关爱只能激起一点涟漪,即使如此,我也要时刻关注他们,让这些点滴扬起波澜。

尊重差异，静待花开

吴婷娜

我们班的小夏同学，他属于能力上有缺陷的孩子。早在一年级入学前的家访中，他在家中蹿上蹿下，一刻都不能安静，我便有隐隐的担忧。

但是在一年级上学期的在校表现中，他却异常乐于助人，课堂上非常积极，就是不爱完成作业。由于一上几乎没有笔头作业，多为口头上的打卡，本以为他几次迟交作业只是由于习惯未培养好，通过加强了家校沟通后情况有所改善。但是到了一下，由于疫情原因，他在家的惰性被放大，在家的学习几乎没跟上。线上连线父母也反应孩子在家根本不服管教，软硬不吃。他们愿意花时间陪他，不会的也愿意耐心讲解，可是，孩子就是不愿意坐下来学习。跟孩子做了约定，他也无法做到。火气上来一顿打骂，孩子宁愿干坐着也不愿翻一下书。后来的线上连线，父母也常以在外不方便推诿。线上的打卡只有体育学科偶尔才会出现他的"身影"。一来二去，联系不到人也就没了辙。

疫情复课以后，他的学习能力远远落在别人的后头。在接下来的时间里，我尝试了奖励卡激励、适当减少作业、适当严厉等各种方法，但是他依然不愿意完成作业。一下的暑假，我建议他妈妈给孩子找了一对一的家教，但是效果并不明显。二上开学至今，他的笔头作业，例如书写生字，在我和他家长的通力合作下，一般能够完成，但是一旦背诵长篇课文、听写等上升到能力的作业，他一定完成不了。

我主要从以下几个方面入手采取措施。

首先，孩子本身由内而外地抗拒写作业，家长咨询了心理专家，也没有什么具体的问题。我打算经过家访去劝说家长带着孩子做个全面的心理检测。

其次，在作业上，我打算与各个学科老师约定好，适当地为他减少作业。例如，语文常规作业中有一项是每日阅读打卡40分钟。由于他拼音基础不扎实，又很难长时间静坐，连基本作业都没有时间完成。我打算先到书店挑选一本拼音读物，在家访中送给他当礼物，适当减少他阅读打卡时间到20分钟，专门阅读拼音读物。

在课文上，每一节课结束找他上来当着我的面读一遍会认的字，把反复教还记不住的字圈出来，让他家长回家后再用生字卡片进行复现，每个字口头组两个词语，第二天到校，我随机抽查。

写字书书写原本五个字，缩到三个字，但是要保证书写的质量，每个笔画都写到应该在的位置。

最重要的是，我希望通过家校合作，为他量身打造一份家庭作业。由于长时间的"掉队"，他的学习远远落在他人之后。一篇课文，他从头到尾自己逐字读下来可谓是"难于上青天"，而且完全没有语感，拼音都要拼上半天。与陈霞老师案例中的孩子有一点点类似，我希望我能正如陈霞老师一样，为孩子约定每日回家的朗读时间，而且是大声朗读。希望孩子妈妈能把录音录下来，在一些空余时间放给孩子听。我在每周五早上的一周谈话中，五分钟左右，给他"朗读展"的机会，用集体的鼓励和爱关注他的进步。如果有机会，再给他在更多人面前展示的机会。

魏书生曾说："处天外遥望，地球很小；居体内思察，心域极宽。"世界也许很小，心的领域却很大很大。在教育教学中，我们教师也应该学会用博大的爱心等待，在等待中让花朵绽放得更加美丽。

轻轻点亮彩虹

邓秀银

开学前,我把自己带的班级命名为"彩虹班",在我心中,每个孩子都是独特的彩虹,或明或暗,或短或长,但每个孩子都拥有自己的虹光。面对孩子,我们需要时间和耐心去挖掘他们的光芒。在我们班,有些小彩虹起初蒙着尘,仅散发着微光,但随着教育的深入,他们逐渐展现出属于自己的光芒。

初遇时微弱的虹光

一年级开学第一天,我正在点名,有一个名字叫了几遍总也没有人回,正疑惑这位学生怎么在开学第一天就缺勤,却又定睛一看,发现班级里的座位是坐满了的。人在教室却不给老师回应,这位孩子引起了我的注意。随着后续观察,我发现他课下不太合群,课上沉默发呆,还几次发生过在教室尿裤子的事,导致班级里的小朋友在背后偷偷嘲笑他。

了解虹光蒙尘的原因

对于孩子的这些情况,我做了不少努力。课上我经常点名提醒他认真听课,甚至严肃地批评过他不听课、走神的行为,课下我也尝试鼓励其他孩子主动和他玩。但一段时间观察下来,他的情况没有改进,反而有些变糟的趋势了。这种情况下我不得不思考，也许我的方法用错了，对于孩子而言，训斥无法解决问题，只会压抑心灵。为了更好地了解这名孩子，我与他的家长进行了一次较为深入的交流。在沟通中，我了解到他的爸爸妈妈比较忙，比较少陪孩子复习预习，导致孩子上课难以跟上教学进度，他只能用沉默和发呆对待课堂。另外，孩子本身发育有些迟缓，学习能力较弱。鉴于这种原因，孩子在幼儿园时期经常被老师批评，导致孩子形成了胆怯的性格。因此，我猜测孩子害怕和老师提要求时会被老师批评，只能自己忍着，才产生了尿裤子这种情况。同时也正是孩子的胆怯，导致他在交友方面也存在一定问题。

轻抚尘埃，虹光绽现

通过与家长沟通，以及在学校的观察，我发现他不是不愿意学习，不愿意交友，只是他对知识吸收得较慢，加上性格比较内向，久而久之，导致他在学习和交友上出现问题。对于他的情况，我首先和他的爸爸妈妈约定：每天不管多忙，都要抽时间和孩子聊聊天，了解孩子的内心想法和困惑，每天抽时间浏览班级群的信息，提高对复习预习工作的重视。

在课堂上，我试着改变了对小蕴的教育方式。一次，在他发呆时，我没有批评他，而是走到他的位置上摸了摸他的头，问他："你在想什么呢？怎么没有认真听老师讲课呀？"他低下头说："我学不会。"这节课学的内容是拼音复韵母，是一年级较为入门的基础知识。我没有责备他，对他说："我们刚刚开始读一年级，所学的东西和幼儿园不同，难度也更大了，不懂是正常的。"这一次，我没有像以前一样直截了当地批评他的走神，而是摸摸他的头，给他留足了理由和台阶。可以感觉出来，他喜欢老师这种对待他的方式，开始把注意力移到课堂上来。但是由于基础比较差，他学习起来仍然比较吃力，进步也不明显。陶行知说过"教育是农业而非工业"，教育需要慢慢来，在上课时，在兼顾全班的前提下，我对小蕴的关注更多了些，他不注意听就用眼睛看他一会，遇到简单的问题就让他回答，这样慢慢地他也知道好好听课了。家庭作业我也检查，在发现他开始复习预习了的时候，我就在班上提出表扬，此时他通常满脸喜气，信心满满。

孩子总是很容易被满足,有时候是一个小糖果的奖励,有时候仅仅是老师的一句表扬。自从改变了教育方式之后,小蕴静下心学习的时间多了,比以前进步多了,虽然和大部分孩子仍有差距,但是和他自己比已经有了很大进步和改观。他和我相处的方式也越来越大胆,偶尔还会和我开开玩笑,像开学初那种不敢和老师打报告而尿裤子的情况再也不见了。

　　教育是一场温柔与爱的坚持,孩子外表包裹下的是一颗脆弱的内心,教师越强硬,他包裹得越结实,当教师用温柔与爱去感化他,厚重的、冰冷的外壳就会一层一层地褪去,让你看到那颗晶莹剔透的心。我始终相信,每个孩子都是独特的彩虹,在他们如水的年华里,我们用真心陪伴、引导、并宽待他们暂时的不足,他们最终一定会绽放自己的虹光,成为正直自信、德才兼备的有用之人。未来,我会继续带着这群小彩虹前进,让他们都绽放出自己的光。

静

陈霞云

> 我们每个人都是一盏灯，都有一份小小的力量，可以唤醒人间的欢乐、神圣和美好，化解愁苦和怨恨。
>
> ——摘自《罗兰小语》

静是我曾带了三年的一个学生，她从小一只耳朵就是神经性耳聋，另一只耳朵重听。她妈妈为了把这个孩子好好地养大，决定不再生育。一年级开学第一天，她的妈妈就来找我，要求我在学校里多照顾静，恳求的眼神中带着许多无奈。那时静就蹦蹦跳跳地跟在她后面，还叽叽喳喳地想跟妈妈说话。露出一副既可爱又调皮的样子。

上第一节语文课，我请静自我介绍，发现她根本不理睬我，原来因为听力的原因，她根本没听到我的话。在同桌小朋友的示意下，她抬起了头木讷地看着我。我走到她面前，轻轻地问："你能把自己介绍给大家吗？"她看了看我，开始介绍了，可话刚一出口，立刻引来了全班同学的哄堂大笑。原来，她的自我介绍结结巴巴，而且口齿很不清楚，就像在说一门听不懂的外语。大家根本听不清她在说什么。小朋友们笑得前俯后仰，她的小脸涨得红红的，在同学的笑声中低下了头。我这才发现她的病的严重，不但耳朵不行，连发音都不准。这样的孩子怎么学习？怎么生活？我担心了。但是想起她妈妈恳求的眼神，我又被这位母亲深深感动了，一个平凡的母亲养育了这个孩子八年，暗暗流了多少泪？付出了多少心血？平凡中透着伟大啊。于是我油然而生一种责任感，暗暗下定决心：一定要尽力把孩子教好。

教她，谈何容易？学拼音时，b p m zh ch sh 几十个拼音她几乎没有一个能念准，我让她看着我的口形，一遍又一遍地教她发音，可是她就是发不准。不但这样，她还是有点调皮的小姑娘，没念几下，眼睛就开始东张张、西望望。看见妈妈在门外来接她，一下子冲出教室，一头扎进妈妈怀里，再也不肯念了。后来，我想孩子学习还是应该先调动其学习的兴趣。于是我采用了各种鼓励的办法，念对一个就奖给她小红旗。有时还叫来其他小朋友和她比赛念。而我，总是有意无意地袒护她一点。渐渐地，她肯念了，发音也正确了许多。看着她的进步，我的心里比吃了蜜还甜。

刚开始学习时，她的说话总是让人听不懂，含糊不清的语言经常引来小朋友的阵阵笑声，调皮的男同学还学着她的声音怪叫。静总是没有小朋友和她玩，这让她很孤独。我一边教育其他小朋友不能嘲笑别人的缺点，一边让其他小朋友找她玩，小朋友听不懂静在说什么，我还揣摩着她的发音给他们当"翻译"。静是一个天真可爱但又调皮的孩子，有点男孩子脾气，有时也会弄得其他小朋友不高兴。我又去当法官"调解"让大家友好相处。

一次期末考试，静的看图写话部分得了"不合格"。原因之一是她在写话时，描写小鹿"长着又白又大的屁股"批卷老师认为这与图意关系不大，且不文明。我知道静的思维永远那么简单、单纯。她就是看到什么写什么。于是我连忙找批卷老师，告诉她孩子的情况。老师听了也觉得对她应放低要求。

眨眼，静比较开心地在我有意无意的"包庇"爱护下学了三年。我也把她的所有优点和缺点都看成是可爱的。后来，她读四年级了，我不教她了，我又请下一任老师多多"关照"她。

也许在别人看来，这个孩子不好教。但是，我还是很喜欢教她，甚至"包庇"她，"纵容"她，因为我知道这样的孩子以后的人生会缺少"包庇"，缺少"纵容"。而当你真正想做她的好老师、真正关心她的时候，你会发觉她的所有缺陷和缺点是那么可爱，而当你会包容孩子的缺点后，你也会变得宽容和快乐。

我们每个人都是一盏灯，都有一份小小的力量，可以唤醒欢乐、神圣和美好，化解愁苦与怨恨，虽然灯光微弱，但我愿意做。用自己微弱的光芒照亮孩子，包容孩子。

老师，我要是跑慢了，你不要怪我

杨 扬

　　金秋十月，校园里一年一度的运动会就要开始了。教室里，体育委员的边上围满了人。这是怎么了？原来同学们正在争先恐后地报名运动会的参赛项目呢。大部分项目一下子就被抢完了，还剩下男子400米无人问津。我问体育委员，班级里哪个男生400米比较好，就让他参加吧。体育委员马上说出一个名字——小天。班会课上，我让大家推荐一下400米的人选，很多同学都推荐小天，但是小天却是百般推脱，说自己跑不了。最终，小天勉为其难地报名了。运动会那天，400米跑步马上就要开始了。小天站在起跑线上，四处张望着，有点紧张。我在起跑线处给他拍了张照片，给他加油。小天说道："老师，我要是跑慢了，你不要怪我。"听到他这么说，我赶忙鼓励他尽力就行。事后，我回想起小天的这句话，内心不禁有些触动。我确实没想到他会说出这样的话，因为这与他平时的"人设"不符。

　　小天是个怎样的孩子呢？从前任班主任那得知，小天身在一个重组家庭中，平时都是跟爷爷奶奶生活的，父亲常年在外，爷爷奶奶负责他的衣食住行，跟他的沟通交流也不多。他在学校里跟同学关系不错，也喜欢和同学交流，跟老师的交流不多。他对任何事都是一副"无所谓"的样子，学习上也是下滑的状态。经此一事，我知道了他并不像他表现得那么坦然，他是个缺爱的孩子，他也不是一个自信的孩子。我想是时候找他聊一聊了。

　　后来，找了一个机会我和他进行了一次长谈。我向他了解他的家庭，他的日常生活，早上几点上学，等等，他会如实回答，只是总是很简短地回答。过程中，我尽量避免一些对他来说可能比较敏感的话题，但是他应该也从语言中有所察觉。他说道："老师，你说好了，没有关系的。"后续的聊天过程中，我也给他提出了一些学习上、态度上的要求。他答应得很好。但其实我内心里并没抱着很大希望，因为我知道这样的对话他已经遇到很多次了，或许他已经疲了。

接下来几天，小天基本上还是老样子，但是课间能看到他主动去找老师问题目，英语默写少错了几个。我内心感到了一丝欣喜，希望他能越来越好。然而，好景不长，我又收到了任课老师的"投诉"：上课发呆，作业质量差，等等。一开始，我并没有马上找他谈话。一方面谈话不一定有效果，另一方面不想让他对任课老师有意见。接下来的日子，在学校里，我经常观察小天，关注他身上的亮点，记录下来，利用班会课的机会表扬班级里的同学，包括小天。班会课下课，我给了小天一个苹果，对他说以后只要有老师表扬他，就奖励给他一样东西。小天很诧异，我也没有过多解释。

隔了一段时间，小天并没有受到表扬。一天，同办公室的社会老师向我夸了小天。了解了缘由之后，我马上跑到教室，递给了小天一盒牛奶。小天诧异地问我为什么。我说有老师表扬你了。这时，他也想起来我们之间"未曾达成一致的"约定。他恍然大悟地说："是不是社会老师？"我索性问他："你社会课上怎么就被表扬了啊？"小天一股脑儿的都说出来。顺势，我鼓励他其他学科也要好好表现。他点点头。这接下来有一段时间，小天确实表现还行，也帮助小组拿到了冠军小组。冠军小组颁奖的时候，小天也很高兴。我让他们小组说一说小组能拿到冠军的诀窍。轮到小天了，他说的原话是："我扣分少了。"其他同学不由得都笑了。不过确实，他说的是实话。接着小天的话茬，我肯定了小天和他们小组，指出每个人对小组的贡献方式是不一样的，但是毫无疑问的是每个人都可以为自己为小组做些力所能及的事。

小天的故事远远没有结束，这之后的小天也并没有成为一个好学生。他依然会在上课打扰到同学，他有时候默写作业也很糟糕，科学作业质量也不好。但是我能看到他并没有让自己的状态继续恶化下去。他会为了小队的积分而去找老师订正作业，他也会主动找老师订正默写。当数学老师指出他在数学课上的不良行为，我去找他聊一聊怎么解决的时候，他会听进去，从而在后续上课状态有所改进。我很欣慰我说的话对他有用，说明这是他对我的一种信任。像小天这样的孩子，他的家庭问题是我们无能为力的。他的自身问题也不可能通过一次谈话、一句表扬或者一个奖励就能解决。但是积少成多，聚沙成塔。小天的故事远远没有结束，教育也远远没有结束。教育是细水长流的事情，我相信量变会引起质变。一个鼓励的眼神、一句温暖的话语总会在某一时刻发挥出作用。教育就是静待花开。

信任不仅仅是大人的事

王逸凡

　　俄国教育家乌申斯基说："如果教育学期望从一切方面去教育学生，那么就务必首先也从一切方面了解学生。"作为教师要想学生对你多一份亲近与信任，使每位学生都能得到你平等的关注，这就需要老师躬下身来主动去亲近每一位孩子的心灵，用他们心灵深处的能源，照亮他们的精神世界。燕子去了，有再来的时候；杨柳枯了，有再青的时候；而岁月却是如流水一样一去不复返了。学生在初中的生活时间只有三年，作为老师我们更加应该好好地去珍惜陪伴他们的这三年。虽然才工作第三年，但我秉持着为人师表的守则，在三尺讲台默默地耕耘着自我的教育教学故事，短短两年多的时光，也积累了不少的故事，大多数都已随着时间的流逝而渐渐淡忘，可也有一些就如同树根一样深深地扎在了我的心上。虽不曾惊天动地，但仍历历在目。

　　我第一年带的班级里有个学生明明（化名）活泼好动，性格外向，对一切充满新鲜、好奇。课堂上听讲时经常搞一些小动作，虽然经常提醒，但让他端端正正地坐着听一节课很难。我发现他很容易受到外界事物的干扰，上课听讲时，外面发生的事会很快吸引他的注力。他对于学校的各项纪律不以为然，犯错误的现象也接连不断。他经常与别的同学打架，班上很多同学被他打过。当你问他为什么打别人，他一脸的茫然，使劲摇头回答"不为什么"，多问几遍，他始终有各种理由来推卸自己的责任，仿佛一切都是别人的错，有的时候会去否认自己做过的事情。应对老师的批评教育能理解，但屡教不改，真是一个令人头疼的孩子。

　　那天是一节自习课，远远就听见教室传来七嘴八舌的吵闹声，我火冒三丈地走进教室，正准备训斥一顿。有的孩子见我进来赶紧埋头写作业，有的呆呆地看着我,纪律班长看我走过来说:"王老师,他们发现明明(化名)偷偷拿楠楠(化名)的美术工具无理取闹,跟他要还不愿意归还,在班级里大吵大闹。"难道明明(化名)又犯老毛病了? 我犹豫着,目光严厉地看着明明(化名),心想:如果真是这样我绝不纵容,必须和他家长好好地告一状。正好把前段时间的所有账,都好好地在他家长面前清算一下。就在这时,明明(化名)呼的一声站起来,把书往地上重重一摔,歇斯底里地吼道:"不是我,我真的没有拿别人的笔! 为什么怀疑我,我刚才一直在认真地看书!"其他的孩子们被突如其来的喊声吓了一跳,吃惊地看着我们。我也愣住了:好大的火气啊,难道真的不是他吗? 平时虽然他调皮捣蛋,但也没见他这么生气过。只见他眼睛里饱含着泪水,小脸气鼓鼓的,我真想声色俱厉地训他几句,灭灭他嚣张的气焰,可这个念头只一闪就消失了。我转念一想,唉,这样的事谁会在整个班级同学面前承认呢。看我没有言语,他更加愤怒了,眼睛里喷着火,这时帆帆(化名)怯怯地站起来,低着头说:"王老师,刚才我玩儿油笔,不留意丢到明明(化名)的书包上,他在看书,根本没注意。"事情真相大白,同学们发出奇怪的声音的同时也松了口气,我也松了口气,我随机应变得比较快,走过去轻轻摸着他的头说:"其实老师和同学们都没那么想,是你想多了。"他微微怔了一下,情绪也稳定了一些。我又说:"同学们,明明(化名)刚才在自习课专心看书,这说明我们的明明(化名)懂得管住自我了,这就叫进步,同时面对无端的指责,他并没有屈服,而是勇敢地为自己辩解,说明他是一个敢作敢当的诚实的好孩子,我们把掌声送给他。"我真诚的话语打动了所有学生。明明(化名)脸色已经在我的肯定中多云转晴。课后我和他再谈起这件事时我说:"明明(化名),真高兴这是一场误会,如果你真犯了糊涂,老师也会站在你这边帮忙你的,不会让你太难堪。"他感动得哭了,还说:"老师多谢您,我以后再也不会做这种类似的糊涂事了,因为您让我在同学们面前抬起了头。我知道大家怀疑我是因为我平时调皮捣蛋太多了,从此以后我一定会改正的,希望老师你不要放弃我,多多提醒我。"听了他的话我由衷地感动,作为一名老师,虽然我们都努力关爱尊重每个学生,但是如果一句话不慎,就会改变一颗心灵、一段人生,尤其是在他们这宝贵的三年里,作为教师的我,真的也应该谨言慎行。

经过这件事后,明明(化名)自信心在增强,在上课时注意力基本能集中了,学习的用心性也大大提高,课堂上用心回答问题了,打架次数也少了。我也借着这个机会联系了他的爸爸妈妈，在电话里狠狠地夸奖了一通，因为我知道转化学困生，光靠学校一方面是不够的，这个过程还要家长的配合。父母是孩子的第一任老师和成长的榜样。在当今这个以升学率来衡量教育成果的时代，家庭教育的实质往往被学业成绩所掩盖。大多数家长只关心中学生的分数，而不懂得如何去引导中学生在学习中不断进步、不断完善自我，从而走向成功。因此，我也趁着机会跟家长进行了成绩上的沟通，应该告诉孩子，只要平时上课用心听讲，学习认真、努力，无论最后考试得多少分，只要比以前进步了，就都应该感到满意，不要把自己定义为差生。因为，进步即是超越自我，而超越自己就是一种成功，值得肯定与掌声。

通过这件事情，我深深地体会到老师要用一颗善良宽厚、真挚热诚的心包容学生，学生在老师处理问题的过程中才会自我反省心悦诚服。有时需要一个眼神，有时需要一些等待，有时可能需要的是一次弯腰，但更多的时候需要的是一份信任。

育人，唯心而已

叶雪洁

　　当在相册中翻看到七年级始业教育中你帅气的军装模样时，我感慨万分。一脸正气的你，和那个频繁迟到，偶尔因未完成作业逃避上学的形象大相径庭。

　　直言，作为班主任，你这样的学生在我这里并不讨喜。在开学的第一天，在其他同学都在纷纷整齐上交各科暑假作业时，我却突然转头看见你的桌面"一尘不染"，干净整洁，一份作业都无影踪，再环顾你的身边，连吃饭的饭盒都未带，带着震惊和不解，我直接指责道："你是我们班的学生吗？六班可是没有不遵纪，不守礼的孩子的。"你或许是压制住了内心的慌乱紧张，淡淡地回道："我父母没有告诉我，我不知道。"我暗想，这件事的错不止在你一人，家长也有责任，但是，学习毕竟是自己的事情，为什么不能自己对自己负责呢？故此，我对你的印象标签成了"不懂事"。其实你的不懂事只是在学习上，而作为班主任，衡量一个学生的最初指标便是学习和纪律。除了学习不上心，你对什么都上心，面对我的批评，你总是笑脸相迎，态度诚恳地说："老师，我知道了。"但是第二天的你依旧战胜不了自己的惰性。

　　我第一次对你改观是因为学校的拔河比赛。从知道拔河比赛这件事之后，你就积极筹划，主动分析小学时拔河取胜的经验，指挥同学排好队，甚至还会因为个别同学的不配合请求我的帮助。虽然你不是班里的班干部，但是在组织比赛这件事上，没有谁比得上你。你告诉我："一定要进入决赛。"我心中暗想："要是你学习有这股韧劲就好了。"由于你的用心组织，我确实省心了不少。我开始重新审视你，身体健壮，做事积极，倒也还挺可爱的。拔河比赛场上，大家的集体荣誉感一下子被调动起来了，比赛很激烈，想取胜的难度实在不小。你时而在队首，时而在队尾，即使手被划破了也依然斗志昂扬。班里很多人都说，我们班能取胜有你一半的功劳。当你被同学高高抛起，一脸的得意的时候，我突然觉得你也有那么一点可爱。或许我以成绩和纪律来评价你，是有失公正的。

我第二次对你改观是在食堂就餐时，本来发放水果和牛奶的事情一直是班主任在做，可是有一天我因为一些事情没有及时赶到食堂陪同吃饭，等我赶到时，看见袋子已经空了，一问才知道，是你把自己的饭盒放在一旁，不着急为自己打饭，先为同学发放了一人一份的水果，还把袋子默默放在自己身边为同学扔餐余提供便利，当下，我心里暖暖的，表面还是一贯严肃地审视着这样一个"不懂事"的小男孩儿，到底是怎样的成长环境，能够教育出这样的暖心的人儿。此后，不论是受到了我怎样的批评，你依旧如故地做着这样的你认为你愿意为他人做的事情。

虽然你时常把我的唠唠叨叨当作耳边风，但是你在我面前始终恭恭敬敬。我也慢慢地换种方式去评价你。在一次晚自修后，寒风中，你、我、你父亲，三人站在学校的铜门下，父亲苦口婆心地反复说道："我的希望都压在你身上了，你从来的要求我都会尽力满足，那我的这份唯一要求，你能不能帮我一定实现呢？"而我也在一旁顺势给你疏导，希望从你嘴里得到你的承诺，因为我知道，只要你开口答应的事情，你就会做到，终于，在一个小时后你开口了，此后，也看到了你不断一点点的努力。你在某些时间里控制不住自己的贪玩心，但是在学校期间你总是一个贴心的沉稳的大男孩儿，我总是在不断地反思自己，何必把每个学生都往学霸的方向赶呢？明知天下没有那么多好学的人，却偏偏把自己的每个学生都往那个方向上赶。或许，这就是为师者的不通融之处吧！

你的成长中有我的影子，我的教师生涯成长中也有你留下的不可或缺的一笔。是你，让我明白，每个学生都有他的优点和长处，应势而生，终是会各有精彩。

让每一朵花都经受阳光雨露

许思萍

苏霍姆林斯基说过:"从我手里经过的学生成千上万,奇怪的是留给我印象最深的并不是无可挑剔的模范生,而是别具特点、与众不同的孩子。"我班的小寒,就是这样给我印象最深刻的孩子。他平时上课要么无精打采,要么搞小动作,甚至影响他人学习,似乎对学习提不起一点儿兴趣,关注点全在学习之外;下课他总喜欢追逐打闹,动手动脚;他也不爱写作业,即使写了也是敷衍了事,丢三落四……更让我头疼的是,我每天总能收到学生或者科任老师对他的投诉。

因此,我时常找他谈话,希望他知错就改,以后要按时按量完成作业,遵守课堂课间纪律,改掉小毛病,争取进步。在我面前他是满口答应了,可是一转身,他一如既往,典型的"承认错误,坚决不改"的模样。我感到既生气、沮丧,又为他的现状而担忧。我暗暗给自己鼓劲:不能因为一点困难就退缩,不能让一个孩子掉队,必须想办法转化他!

我深深地知道,教育这样的孩子,需要把握好尺寸,讲究方法策略。于是,我冷静下来分析他的情况,找出原因:学习上或许是知识点对他而言太难了,作业做不好或许是读不懂题目,行为习惯不良或许是没有真正意识到自己的问题,不知道怎么做一个受同学欢迎的人……

综上所想,我决定改变自己的做法:每当下课后,我总会走到他座位上询问他哪里没听懂,给他更多关注;还特意安排了学习好、责任心强、乐于助人又有耐心的组长小陶,利用组内力量帮助他。我先与小陶讨论制定了一系列帮助小寒进步的措施。例如,多发现他的优点,然后及时鼓励他,增强他的自信心。通过细心观察,我发现小寒虽然调皮捣蛋,但他是一个非常爱劳动的孩子。平时他看到地板脏了,他会主动去打扫或者把垃圾捡起来；小寒还是个乐于助人的孩子，看同学没有带书本来，他会主动和他一起看。于是我抓住他的这两个优点作为切入点，大力表扬鼓励他。得到关注、赞赏的小寒也很高兴，做事情、学习也自觉、自信了许多。在同学们的帮助下和他自己的努力下，他各方面都取得了不小进步。每当他取得进步时，我都在全班同学面前给他颁发表扬信，并拍照制作"喜报"发给小寒妈妈，让他明白，这是自己努力上进的回报，增强他的自信心和荣誉感。渐渐地，小寒在纪律方面也有了很大的进步，还常常为班级做好事，成绩上虽然还没有起色但是态度上端正了很多。终于，这个让我"印象深刻"的孩子，不再是班里"特殊"的一员！

在班级中，常常不可避免地出现像小寒这样的孩子，转化和帮助他们的工作虽然艰巨，但是我们老师要用自己的爱心和耐心洒向他们，不让一个学生掉队，让这些特别的"花朵"沐浴阳光雨露，健康茁壮成长。

别样的星星，别样的闪光

路亚飞

鲁迅先生有句话："教育是植根于爱的。"教育技巧的全部奥秘就在于如何爱护学生。爱是教育的源泉，教师有了爱，才会对自己的教育对象充满信心和爱心，才会有追求卓越和创新的精神。教师不仅要有爱心，而更重要的是把那种爱传达出来，只有让别人感受到，才能与学生产生心灵的碰撞，学生也才能从心底里接受。作为一名教师，因为爱，我明白了教育的真谛；也因为爱，一个个单纯而真实的孩子懂得了爱，也懂得了回报爱。在教学中，我总是怀着爱心，用欣赏的目光去关注学生，发自内心地去爱他们。这样我和学生间的关系也变得很融洽。

我班的刘同学，入学以来，上课一直要么搞小动作，要么乱说话影响别人；下课追逐打闹，喜欢动手动脚，常常违反学校和班级的规章制度，为班级抹黑；还常常引发同学间的矛盾，许多同学都指责他，讨厌他，不和他一起玩；各作业做得都不好，几乎每天都要惹出一点事情。于是，我找他谈话，希望他能遵守学校的规章制度，以学习为重，按时完成作业，知错就改，争取进步，争取做一个他人喜欢，父母喜欢，老师喜欢的好孩子。我真诚地跟他说他是班上最聪明的孩子之一，也应该是最懂事的孩子。他总是一副桀骜不驯的样子，让人讨厌不已，他口头上答应得很好，可事后仍一如既往，真是"承认错误，坚决不改"。我的心都快冷了，算了吧，或许他是根"不可雕的朽木"，但又觉得作为班主任，不能因为一点困难就退缩不前，不能因一个学困生无法转化而影响整个班集体，不然，他可能会带坏一群立场不坚定的男生。为了有针对性地做工作，我决定先让他认识自己的错误。于是我多次进行家访，家访中，我了解到他有一个双胞胎的哥哥，从小家人就非常溺爱他们，妈妈的话他一句也听不进去，妈妈说她一句，他能顶妈妈十句，父亲经商，经常不在家，根本没有时间管教他。因此在家里他就是个十足的小霸王。通过多次家访后，我了解到妈妈也拿他无能为力，听之任之。他感受到自己在家中的"地位"，所以养成了我行我素的不良习惯。

"没有调查便没有发言权。"调查清楚情况后，我思忖着必须慎重地采取措施，否则会适得其反。我试着接近他，消除隔阂，拉近关系。经过观察，我发现他劳动积极主动、踏实，为人诚实，所以，我经常叫他到办公室交谈，了解情况，相机鼓励他、激发他："你干活儿那样能干，在学习上只要自觉，你一定能行；只要你好好对待别人，同学们一定能喜欢你。"通过几次的接触启发，我与他的沟通越来越顺利了。

后来，我便加强攻势，再次找他话："你的学习成绩在班里处于中游水平，这说明你很不笨；你篮球打得好，同学们都很羡慕你，但是你现在的表现却令老师很失望，你完全可以把你优秀的一面表现给大家，做一个老师喜欢，同学敬重的好学生，我希望你能遵守学校和班级的各项规章制度，与大家融合在一起，希望你从做人、做事方面奋力追赶。你现在对班级的生活、学习中的事情都漠不关心，如果我也放弃你，大家都不再理睬你，你会觉得生活有意思吗？你希望出现这种局面吗？"他重重地摇了摇头。"是啊，你很聪明，道理一点便通，我们一起努力，好吗？"他微微一笑，眼睛立刻生动起来。我心想："看来这个学生还是有希望的。"自此，每当他有点进步时，我便适时鼓励与表扬他。还借助班干部的力量共同帮助他，使他逐渐明白了做人的道理。

通过一段时间的努力，他上课开始认真起来，作业也能按时上交，与同学之间的关系也改变了，比以前进步了许多。现在他已能融洽地与同学们生活在集体中，学习情况也今非昔比。班级的纪律和学习风气也有了明显的改善。

第三篇章　相与有成

"心新"向荣，"心"花怒放

方杨辉

　　心理健康比身体健康更重要，一个人只有身心都健康了，才是真正健康健全的人。在如今这个压力颇大的时代，受到学业压力和各方面无形的影响，学生们处于青少年发展时期，整个人的思维都是极易晃动改变的，这是一个人心理处于"分水岭"的中坚时刻，这个时候有些学生会朝向正能量的一方，迎难而上不断解决矛盾和困难，发展成为正向心理，这是我们希望看到的景象。但是，人不是机器，更不是没有感情的，在遇到困难时可能会出现许多负面情绪，最常见的就是厌学、叛逆、易怒、焦虑、抑郁、社交恐慌等。

走进一个人——暴躁小A转变记

　　我们班有一个孩子，他是特别的折翼的天使，这里称其为小A。

　　在拿到班级名单的时候，我就被告知这是全年级唯一一个只会写名字的学生，当时我就不知道如何处理了，他会不会受欺负，会不会被非议歧视？我如何在班级让他开心温暖地学习生活？一连串的问题包围着我。

　　在暑期家访过程中，我从小A的父母口中得知，孩子在小学时代并不快乐，这造成了他心理极度的自卑和痛苦，孩子有焦虑症和洁癖（疯狂地洗手）。当我第一次见到他的时候，看到他是一个体型微胖的憨憨的孩子，他乖乖地坐在第一排的位置上，看起来大概不会惹是生非。可是孩子还是出现了一次状况，因为在吃饭的过程中讲话，他被小组长提醒，表现得很不开心，在回班之后，他大声地谩骂组长："神经,脑残!"于是马上就有同学来找我报告了这个情况。

面对这样的情况,我马上利用中午的时间进行谈心处理,我先把组长喊到一边,进行安慰并询问事情的原委,在安抚好组长的情况下,我把小A也喊出来,构建了一个平台,让他们两个之间平心静气地谈一谈,不一会儿两个人都默默地流下了泪水,我把整个小组的人都叫出来了,他们同辈之间在一个相对封闭和安静的环境中,把小组的问题都说了出来,有什么小疙瘩不愉快的全部说了出来。经过这次事件之后,整个小组更加团结友爱,获得了第一个月的月冠军这个至高无上的荣誉!

同伴群体的影响也是很大的,和同伴的日常交流可以在不知不觉中影响我们的价值观、态度、能力和认识方法的社会化。在学校里,同伴构成的环境对学生有最大的、最直接的影响。一个好的同伴就是一个良师益友,同伴的帮助是获得成长、成功的重要因素,同伴对心理发展的影响是不可小觑的!

温暖一个人——自闭小B改变记

班里有个男孩子称之为小B,话不多,非常安静。

在第一次家访的过程中,从我进门以来,他就没有出来过,而是一直在房间,全程没有和我说过一句话,一言不合就哭了。我完全不知道如何和他沟通,所以我就加了他的QQ,尝试着在网上和他进行交流沟通,但是效果仍旧欠佳。

在暑期过程中,他曾因为手机及与父母之间的不合,跑出家门两次,对于此我第一时间赶到并帮助家长一起寻找,在家长和孩子两方面同时做工作,签署了"和平共处五项原则",在之后军训的过程中,我进行夜间谈话,和他坐下来安静地谈话,慢慢地他能说几句话了,我感觉到他在慢慢地敞开心扉。

在周末及中秋国庆放假过程中,他在家的学习效率很低,作业无法完成,这是他母亲一直与我反馈的大问题,对于此,我与他制定了君子协议,并和他每天定时定点进行微信视频,在视频中询问今天的学习及生活,不仅关心孩子的学习,更关心孩子这一天下来干了什么事,心理感受是怎么样的。刚开始他是排斥的,说的话不超过十句,不会看着我说,到现在能够主动给我汇报今天的生活。

最令我感动的是,他给我写了一封信,在信中他写到了对我的感谢,以及对现在初中生活的喜爱,这让我感觉到了他正在慢慢地融入,变得越来越好。

"学高为师,身正为范。"班主任与学生"有效接触"的时间远远多于家长,使其更容易用自己的情感、意志、行为去熏陶和影响学生。热爱学生,相信学生,尊重学生,以自己的人格和学识潜移默化地影响学生,引导他们树立科学的世界观,正确的人生观和价值观。

改变一个人——厌学小C成长记

在我们班也有一个非常具有独立思维的孩子,称之为小C,她对老师和父母说的话左耳进右耳出,有着严重的厌学情绪和叛逆心理,小学的时候就已经出现了反抗的意识。

在家访的过程中,小C用手抵住门不让我进门,全程她都是低着头的。在班级的活动和课堂的参与中,也很少能看到小C的身影。

对于此,我特别与小C的父母进行了沟通和交流,希望得知她转变的原因,后来知道是对爸爸的严厉管控产生了极度的厌恶,导致原本成绩较好的她也逐渐对学习产生了厌烦心理。

对于此,我和家长进行了持续的沟通,通过家长的语气转变及家庭活动日、家庭书信日这样的心贴心的方式,让孩子把说不出的心里的话写下来进行沟通,我也会在父母身边做好最大的智慧锦囊团,家长也对孩子有了很多的转变,不再是一味地否定和专制,小C主动地和父母之间构建了一本联系的大本本,现在他们的关系有了很大的好转,相处有了笑容和打闹,成了"朋友式"父母关系。

父母是孩子最早接受教育的教师。家庭教育在孩子的成长中起着奠基的作用,父母是孩子最亲的人,也是最容易走进孩子心灵的人,最差的脾气一定是和家人发的,最真的感情也一定也是和家人才会有的。因此,一定要用好"感情"牌,动之以情晓之以理,真切地从家庭温暖的角度去感化温暖每一个孩子。

成就一个人——透明小D蜕变记

小D有明显的语言表达能力障碍,他无法在人前表达自己的观点,不敢大声说话,在班级里很容易被同学和老师们忽视,经常性地形单影只。

对于他这样的情况,我是看在眼里急在心里,因为我也很难走进他的心里,有时候和他的沟通也总是断断续续的,没有系统完整性的沟通方式。我把班级的花草交给他管理,册封他为花草小王子,于是我们班里的花草是整个年级长得最繁盛的。我发现他在慢慢地改变,话也比之前慢慢多起来了。我偶然发现他自己有一本激励语句本,在本子上他写满了在学校发生的点滴快乐的事情,有很多老师平时讲过的"笑点"。现在他慢慢地融入班级,也成了班级的电教委员,在人际交往上也逐渐好转,交往到了知心的好朋友。

人的能力和潜能是无穷无尽的,作为发展中的人,对自己的改变和发展或许是被大环境感染之后的某个小点的触发,改变时时刻刻都在发生,这就是一个人的改变。

"心新"向荣,"心"花怒放。从心出发,用心育人,让学生真正地"向阳生长",开出灿烂的生命之花。

爱写作的狮子

金　瑾

初次接触

炎热的八月中下旬，在班主任老师的翘首期盼中，七年级的同学们正式跨入了中学的校门，一张张稚嫩的脸上写满了对新学校新生活的期待。我站在教室门口迎接同学们的到来。"老师好！"同学们响亮的声音不绝于耳。有一位个子不高，理着清爽的短发的男生低着头快步地跟在其他同学身后往教室里冲，我正想回头喊住他时，他转身又走回到了教室门口。"老师好。"他低着头小声地说，想立刻回到教室去。"你好！可以把你的红领巾重新整理一下吗？"他有点儿慌乱地把衣服领子和红领巾一把抓。"你叫什么名字呀？"我伸手帮他把校服领子翻起来。"老师，我叫大A。"他的眼神是清澈的。我想这位大A同学虽然有点毛毛躁躁，还算是有礼貌的。

问题暴露

没想到，一个星期下来，大A同学让我大跌眼镜。于是我在午休的时间找他单独聊一聊。

"大A，我想找你聊一聊，你愿意吗？""嗯。"他可能是觉得我要批评他，显得有些不安。"那我们去班级门口转角的角落吧。"我把手里的笔记本在他眼前挥了一挥。

"这本笔记本是你的吗?""……""你们组长刚才下课的时候把它给我,说让我保管,他说已经提醒你无数次了,你还是在课堂上写小故事。是这样吗?""……"还是沉默。"你还记得这个星期一大课间的时候,你满教室追着组长跑,大喊大叫着要把你的笔记本拿回来吗?""记得。""光是这个星期就已经是第三次了,所以你怎么看这件事情? 你在上课期间不听课,总是在写一些东西,组长和组员提醒你,你还不能虚心接受!"我不经意间提高了音量,盯着大 A 同学。"老师,我以后上课的时候不写了,只在课下写。你跟组长说这样的话就不能没收我的本子。""可以,你能保证的话我就把这本本子先还给你。""好的,老师。"大 A 同学有些高兴地抬起了头,看着我,用力地点了点头。

然而,事情并没有按照约好的方向发展。

家校沟通

为了更好地了解大 A,我跟大 A 的爸爸妈妈约好在一个周六下午去家访。一推开门,先听到的是大 A 跟爸爸在争执:"不行,不行,不行。"妈妈为了缓解气氛,赶紧说:"老师你来了呀,快请进快请进。大 A,老师来了,你赶紧过来问好。"大 A 在自己的房间里不肯出来,爸爸走了出来说:"我正在跟他说上课不认真听,就写些乱七八糟的东西,我说要没收他的本子,他还跟我急了。"爸爸有些无奈,边说边在客厅的餐桌边坐了下来,妈妈和我也一起坐了下来。在与他们的沟通中,我了解到大 A 同学跟其他孩子的不同之处,虽然他的学习能力比其他孩子要偏弱,跟其他同学的沟通相处难免存在不和谐,但是他对语文很感兴趣,能背诵很多诗词,写字也很端正,平时喜欢写一些小故事,也想要写小说。了解了这些情况之后,我就想能够从他感兴趣和擅长的语文入手。

转机显现

令我惊喜的是,在周一的语文小测上,大 A 同学的基础知识拿了满分,和班长、语文课代表齐平。语文老师在课堂上大力表扬了他一番,站在教室窗外的我头一次看到了大Ａ同学骄傲的神情。我用手机偷偷拍下了这一瞬间。回到办公室,我把这张照片发到了班级家长的钉钉群里,妈妈也很高兴地回复:"昨天晚上大Ａ一直在复习,没有想到今天能够拿到满分,太惊喜了!"其他家长也纷纷留言点赞。在晚自修开始前,我在班级里跟所有同学说:"每一次的作业和检测都能让大家了解到自己的学习情况,一定要先牢牢抓好基础知识,夯实基础是很重要的,而且是努力就可以做好的。希望大家都可以向大Ａ同学学习。"同学们热烈鼓掌,把赞美送给大Ａ同学。我看到他首先拿出语文导学案开始认真书写,一改往日写回家作业敷衍了事的态度,我想这是一个很好的改变契机吧。

积极转变

慢慢地,大Ａ同学在小组里也变得积极起来,主动要求负责大家的家校联系本的收交。有一天上完第四节体育课后,他第一个冲回了教室,看到我在搬午餐的餐桌,马上过来问:"老师,要不要我帮忙? 我去把菜端过来吧。"听到这些,我抬头带着笑容地跟他说:"真的吗,太好了,幸亏有你帮我呀,同学们一上来就可以排队吃饭咯。"大Ａ把衣服袖子往上一推,先拿了最重的一盘菜往餐桌上抬。这是他第一次主动提出要帮忙,看来他对自己对班级都有了很大的认可呀。

再次寻找突破口

可是,很快我又收到了组长的投诉,大Ａ又在上课的时候不认真听讲,自己写小故事了,还把班上男同学和女同学的名字写进了小故事里。这次我没有直接先找大Ａ,我先给家长发了信息。"大Ａ爸爸,我在爱写作的狮子这个公众号上看到有不少学生发表的作文,你看看跟他商量一下,问问他愿不愿意投稿。语文老师可以帮助一起修改润色。如果能够有机会发表,那就是再好不过的事情了。如果不能发表也没有关系,重要的是在这个过程中让大Ａ体会做自己喜欢的事情过程中的乐趣。"虽然到目前为止他还没有成功地发表文章,但是既能够让他写自己喜欢的故事,又能够引导他了解正确的方式,还能够让他在小组里及在班里愿意观察同学、接近同学,同时积极为班级做一些力所能及的事情,这么多的好处,何乐而不为呢? 也许大 A 同学就是我们班级里的爱写作的狮子,蕴含着无穷的能量呀。

未来可期

大 A 同学的学习生活还在继续摸索前行中,总还是会发生各种各样的问题。我应该给他更多一点的关注,看到他的优点、看到他的闪光点的同时不吝啬我的赞扬之词,有问题的时候及时处理,让他感受到老师在时时刻刻关注、关心他。每位同学都希望得到老师的认可,更希望得到老师的表扬,这样会极大激发学生强大的学习动力,增强他们的自信心。相信大 A 同学也是众多同学的缩影,如果老师能够带动他有所改变,那么也可以带动整个班级,推动整个班集体的进步,形成更有向心力的班集体。

最小的主任，遇见最暴躁的你

陈科润

小小的男孩，大大的脾气

去年新接手的班级里有一个叫小王的男生，开学第一天就见到他和其他同学发生了口角，咆哮和砸书本的声音回响在教室里。听其他同学讲，小王有时甚至会在课堂上发脾气，导致其他同学与家长的意见颇深。于是，我决定去做个家访。只是没想到第一次家访，还未进门就听见了屋内的争吵声。随后我在和小王姐姐的交谈中得知，他们父母年纪已经大了，但是为了孩子还是选择拼命地工作，爸爸更是常年出差，而她现在把更多重心放在自己孩子身上，自从小学毕业之后，小王不但变得沉默寡言、还特别容易发脾气，只有在和家里的小狗玩时，才能见到他的笑容。而今天的争吵正是因为家里没人告知他我要来家访。遗憾的是，直到家访结束，小王的妈妈也没有回来。

在与学校的心理辅导老师讨论后我认为，小王长期处于缺乏家人关爱的状态，现在又到了一个新的环境，家庭的影响、陌生的环境及原本就焦躁的青春期心态结合在一起，让无处可倾诉的小王逐渐走向极端化，成了现在易暴躁、发怒的样子。那么该怎么帮助他呢？我想，当务之急应该先让大家接受他，让小王尽快融入班集体中去。

破冰计划1：其实他也很优秀

列夫·托尔斯泰曾经说过："称赞不但对人的感情，而且对人的理智起着很大的作用。"

我开始经常去和小王聊天，不断地去寻找他的一些闪光点，并在不同场合表扬他，但不知道是因为不习惯这样被人关注还是对我有很深的戒备心，从始至终，他的反应都很漠然，直到在一节名为"新学期，认识新的你、我、他"的主题班会课上，我当着全班同学的面和他们分享了家访时了解到的有关小王利用自己休息时间帮助父母分担工作以及收养流浪狗的故事，还播放了小王平时照顾小狗的片段，我看着小王从一开始懒散地趴在桌子上，到后来抬头仔细地聆听，最后当全班同学都为他鼓起掌时不知所措地看向了我，我微笑着对他点了点头，也鼓起了掌……

从那之后，小王对我和其他同学的态度慢慢有了转变，虽然有时候依然会和其他人发生口角，但是拿书砸人的事没有再发生。但是我知道这样还远远不够，我想试着走进他的内心。

破冰计划2：连接心灵的"吐槽箱"

想到现在小王的情况我觉得或许书信会更适合成为我和小王进行有效沟通的媒介。当天，我就制作了名叫"吐槽箱"的道具，并且鼓励学生以书信的方式和我进行交流。之后的每周我都会写两到三封信给小王，夸夸他最近的表现，鼓励他勇敢地面对生活，并告诉他如果有需要的话，可以通过"吐槽箱"告知我，我会给予他最大的支持与帮助！可惜一连几周，我都没有看到小王给我的回信，心里不免觉得有些失望。

这天，家委会为班级购买了几盆绿植，我眼中浮现出了小王照顾小狗时的场景，于是在信中诚挚地邀请小王能够帮助照顾盆栽。原本我以为还是会像以往那样石沉大海，不承想第二天打开箱子时，我惊喜地发现了有一封来自小王的信，上面只有简单的几个字："好的，老师。"刹那间，我仿佛看到了希望。

很快，半个学期过去，小王在我的帮助下，渐渐地能控制自己的情绪，慢慢地和其他同学打成一片。小小的"吐槽箱"也偶尔会给我带来小王的回信，让我能有机会倾听小王的内心，生活正一点点地步入正轨，但是为了防止小王的问题出现反复，我还是严密地观察着。

纷争再起，"破冰"失败？

就在国庆节的前一周，有同学反映小王又在班上和人吵架，还打了起来！我赶紧去了解情况，原来是小A像往常那样开玩笑拍了小王的脑袋，结果小王大发雷霆将小A推倒在地。安抚好小A的情绪后，我将小王带到了办公室，再三追问下，他才道出了实情。

原来，小王借给隔壁班小B的手机被对方家长发现并砸坏了，小王便向妈妈寻求帮助，但是妈妈以工作忙为理由拒绝了，无奈的小王只好自己去找对方家长，结果可想而知。说到这里，小王的眼眶已经开始泛红，当我问到为什么不求助于姐姐时，小王终于忍不住痛哭起来。原来就在前几天，姐姐的孩子偷偷拿家里的钱去买玩具，被发现后却诬陷是受小王的挑唆，小王姐姐也因此错怪了小王，虽然误会最终解开，但是这也让小王深受打击。

我这才意识到，原本在生活上父母所带来的忽视就已经让小王痛苦不已，也形成了他暴躁的性格，虽然这段时间在我的帮助下他已经能很好地控制自己的脾气，但是就连为数不多能给他带来关爱的姐姐也不信任自己时，小王又开始变回以前的状态，甚至还有点变本加厉做出了今天推人的极端行为。所以要想让小王从根本上发生改变，他的家人才是关键。

追根溯源　对症下药

很快，手机事件就得到了处理，当晚我对小王进行了第二次家访。在批评教育小王借手机给其他同学后,把赔偿的钱还给了小王,小王再一次激动地落泪了:"谢谢你老师,我以为再也没人能帮助我了,以后你说啥我都听你的……"

随后,我和小王的妈妈、姐姐聊了很多,和他们讲了小王会变成现在这样的主要原因还是他们给予小王的关心太少了,恳请他们能够将更多的时间与精力放在自己的孩子身上,毕竟这个阶段的孩子,他们什么都不缺,最缺少的就是父母的陪伴与关心,再好的物质条件也没有孩子能够健康成长来得重要啊。当看到小王的姐姐再一次和小王道歉,小王妈妈哽咽地拍着小王的脑袋,保证以后一定会多花时间陪伴小王的时候,我由衷地为小王感到开心……

小王没有让我们失望,在期末评奖评优中,以全票的优势,获得了班级的"进步"之星与"护花使者"称号。而"吐槽箱"也正如我心中的期待那样,成了我与同学们心灵交接的桥梁,它让我们成了一个更为紧密的整体。

做一个顽皮孩子眼中有"魅力"的班主任

柯丹娜

我们班有这么一个男孩子，他聪明、可爱、能言善辩、幽默风趣，但是他非常不喜欢做作业，每到周末他总是疯玩两天，周一什么作业也交不了，无论老师和家长如何生气，他都会油嘴滑舌地说自己会补好，然后下周依旧保持原状。但就是这样的孩子，他的测试成绩依旧不差。对此，班级里不少努力的孩子都受到了打击。作为班主任，我也时常为此烦恼，这个孩子浪费的不仅仅是自己的天赋，长此以往还会影响整个班级的学习氛围。但是，屡次与孩子的家长交流后，我却依旧没有办法改变孩子在家学习的状态，这与家庭长期以来对他的疏于管理息息相关，并且初二的男孩子个性较为叛逆且执拗，难以用言语来扭转。

为了转变这个孩子的心态和状态，引导班级的整体风气，我在网上搜索了很多班主任的治班良方，归纳总结了一套"班主任魅力提升办法"。

一、深入了解，对症下药

知己知彼是与学生和谐、高效相处的关键点，让孩子了解老师们特别是班主任的个性和要求，同时了解孩子会产生目前问题的原因是最为首要的任务。因此，我在该学生第二次作业没有完成的情况下提议召开"作业保卫战"的班会课，让学生在班会课上弄清做作业的意义和老师布置作业的原因及要求，然后通过小组组规、班级规定进一步落实完成作业的相关要求。最后，让品学兼优的学生分享自己丰富多彩的周末安排，通过充实的假期安排拓宽视野、巩固知识、放松心态。

对于该生目前做作业不理想的情况,我从任课教师、家长、组长及其小学同学那里了解孩子的动态变化,发现孩子小学低段非常听话、认真,从5年级开始出现过几次作业不做的情况,但是整体还能完成。到了初中,初一一年偶尔有几次作业漏做的情况,但是到了初二的周末所有学科作业都不完成。这是一个不断演变、恶化的过程,我马上与孩子进行了第一次深入的沟通,心平气和地将他从小学到初一再到初二的变化都呈现在该生面前,引导学生让他自己说出他的改变及不想做作业的原因。最终他自己得出的原因是题目难了、题量大了、在校时间长了,并且他认为很多的作业即使做了也没有办法提高自己的成绩,所以他宁可周一补一些作业,周末痛快地玩来达到自己学习和放松的平衡。

了解了孩子的心理后,我再次引导孩子思考周末的玩耍是否真的能够完全放松,周末在家面对父母的质疑是否能够安心玩耍,周一面对各科老师的批评是否心理完全不会介怀,那些充分利用自己假期时间充实自己并完成作业的同学是否比你收获的快乐要少,该生听到这些疑问后低下了头。随即,我让孩子将自己的周末作业一一罗列好,并让孩子选择哪些作业他认为是有价值和意义的,并将他的想法转达给了相关的任课教师,对于该生的作业分层也进一步需要跟进。

二、升级课堂,展示能力

课堂专注、勇于举手发言一直是该生的优势,也正是因为这个原因,即使他经常周末作业没有高质量地完成,甚至漏做不做,他依旧能够保持自己的各科成绩稳定。对此,我专门与任课教师交流,将该生列入每节课必点名单,尤其是一些需要思维和拓展的知识要多让该生思考和回答,以此激励他持久且高效的课堂状态。在每一次他能够解决高阶思维的问题时,老师都会用语言赞美他,但同时提醒他不要忽略基础题和逻辑简单但计算复杂的题目,只有两者兼顾才能取得理想的成绩。我也将老师们对他的期待转达给他,他表示自己愿意接受课堂上高难度的问题挑战,因为他也相信自己是一个拥有"高智商"的学生。

经过一段时间的坚持,老师们明显感受到该生的学习热情又被大大激发出来,他经常会在班级里与同学们一起探讨难题,并细心地纠错自己的基础题,获得老师的肯定后他脸上的笑容也更加灿烂了。慢慢地,他不再是老师口中的"作业困难户",而是一个聪慧肯学的好学生。

结束语

我觉得这个学生的转变是慢性的、潜移默化的,这与整个班级的学习氛围及各位任课教师的努力分不开,班主任就是要在营造班级氛围和凝聚任课教师的力量上下功夫。

有一天,该生的妈妈打电话给我说,老师,孩子说你是很有魅力的班主任,他很喜欢你。谢谢你们为孩子做的一切。听到这些话,做班主任的幸福感油然而生。

用心守候，静待花开

方思莹

初中阶段是孩子们学习成长的黄金阶段，也是孩子们心理发展逐渐成熟、自我独立意识强烈的一个阶段。处于这样年龄段的初中生，不再像小学时那样对老师"唯命是从"。若老师只是一味地对他们提出你们要做什么、怎么做的刻板要求和"你们不能做什么"的强制限制，必然会加速其反抗、叛逆情绪的出现，使后续管理更难推进。

作为一名班主任，我们首先要以学生为中心，尊重在先。因为最合适的管理和最有效的交流，无一不是从相互尊重出发的。只有当我们站在学生的立场上分析问题、制定策略，才可以弱化管理的刻板和强制色彩，让学生在被约束的同时感受到轻松、自由、快乐。此外，作为班级管理的主要核心人物不仅要有良好的心态，以"人类灵魂工程师"的爱与温柔，真心实意地去关心爱护、理解宽容学生，更要有"拨开乌云见明月"的智慧，为学生拨开成人的迷雾，守得学生心境云开。

班上有个学生叫小明，能说会道，是个挺可爱的男孩。可是在学习方面他给人的感觉就没那么好了，上课时思想老是不能集中，做作业时动作很慢，老是磨蹭磨蹭，而且不肯动脑筋，回家作业经常不做，即使做了，也做不完整，书写相当潦草，小组长每天都向我告状。于是，我找他谈话，希望他能遵守学校的各项规章制度，以学习为重，按时完成作业，知错就改，争取进步，做一个人见人爱的好孩子。他口头上答应得好好的了，可他就是"勇于认错，坚决不改"，依然我行我素，毫无长进。每次我都要被他气晕了，我的心都快冷了，多少次想想还是算了吧，或许他是根"朽木"，但又觉得身为班主任，不能因一点困难就退缩，不能因一个学习有困难的学生无法转化而影响整个班集体，我要对得起自己的良心，我要尽最大的力量去转化他！我把心一横：不转化你，誓不罢休。他无进步，或许是他没有明确学习目的，没有真正认识自己的错误，没有真正要做个他人喜欢的人的思想。

在多次找小明同学谈话的过程中，我了解到造成小明同学现在这种状态有以下几个原因。

首先，小明同学的父母离异，在五年级之前小明同学是和妈妈一起生活的，但后来因为一些原因，到了五年级小明的抚养权给了爸爸，现在是和爸爸一起生活的，但是爸爸已经再婚了，和他的后妈还有一个妹妹。虽然小明同学和后妈的关系还好，但是小明缺爱的心理还是比较明显的，而且在和他的聊天过程中发现爸爸的教育方式以棍棒教育为主，所以小明表现出来的一些行为就是害怕爸爸，但是又希望能够得到他爸爸的一些关注。基于此，我进行了家访，在与小明爸爸沟通的过程中，和他爸爸阐述了小明在学校的一些不好的行为，并且和他说这些行为可能也是出于小孩子心理，通过做一些不好的事情来获得他人的关注，所以希望小明的爸爸能够多关注一下小明平时在校的表现，可以多和他沟通一下，并且孩子现在已经是个初中生了，处于一个自尊心比较强的年级，希望不要再用以前的棍棒教育方式。小明爸爸也表示同意，除此之外，小明自身也有比较大的游戏瘾，但又不好一下全部禁止，于是我和孩子还有家长之间达成了电子产品的使用时间协议，他们表示只有在双休日才可以每天使用两小时。

其次，因为在小明小学一年级的时候父母就离异了，所以在孩子最重要的习惯养成期缺少家长的约束，在一、二年级就表现出了一些差学生的行为，加之原来的老师对他的这种行为也不加约束，在小明和我的一次聊天过程中，小明说："老师，你不用管我的，我从小学时候就这样了，老师都已经放弃我了。"我听到他的这番话非常心疼他。小明本身是个比较机灵的孩子，但是他之前的一些经历让他觉得没有老师在乎他，也就造成了他现在这样一副摆烂的状态。所以我向他明确表示了，以前的事情我不管，但你现在是我的学生，我就一定会管你。并且每个人都一定有他的优点，我准备找到他表现好的一次机会大力表扬他，让他重树自信。马上机会就来了，小明是个很爱看课外书的孩子，在一次课堂提问时只有他举手了，于是我叫了他回答问题，他还答对了，我大力表扬了他，全班同学也都纷纷投去了赞赏的眼光，小明也笑得非常开心。逐渐地，小明在课堂上回答的次数越来越多，虽然有些时候也会答错，我在下课后会再鼓励他一遍。慢慢地，小明也会开始认真上课了。直到一次小测,小明考出了非常好的成绩,他自己都不敢相信,开心地跑来和我说,希望我把他的这个成绩告诉他爸爸,我也这么做了。第二天的课堂上,小明的上课状态明显更好了。

没有一个学生天生就喜欢当捣蛋鬼,我们老师需要做的是认真地对待每一个孩子,找出孩子捣蛋背后的真正原因,帮助他解决问题,用心守候,等待每一朵花开。

教师和学生的生命是两条交汇的河流,我们走出了自己懵懂而迷惘的青春时光,又走进了他们同样困惑不已的成长岁月,需要以真诚与热爱,献给他们理解与关怀,让生命由此充盈而有意义。作为一名老师,学高为师,身正为范,爱满为怀,应当躬耕勤勉,心怀热爱,成为学生信任的引路人。花的事业是甜蜜的,果的事业是珍贵的,让我们来做叶的事业吧,谦逊地垂着绿荫,托起每一朵花的盛开。

耐心静听花开的声音

刘海波

人们常说：有心栽花花不开，无心插柳柳成荫。其实我认为应改为：有心栽花花更美，无心插柳柳枝衰。试想：要让自己栽种的花开得更加娇艳，更加富有特色，不是要花费更多的时间来照顾它吗？随便在一干旱的沙漠里插一柳枝，几天的时间不就枯萎了吗？

我班里有一位姓张的问题学生，不要说班级卫生他从不认真打扫，就连个人卫生也很麻烦：桌面上胡乱地摆放着铅笔盒、笔、书本、衣服，或者有时就把衣服扔在地上，他的桌椅底下废纸团扔得到处都是，身上经常发出难闻的气味，因此，很多同学不愿意和他一个小组。我安排班干部和他同桌，目的就是帮帮他，时时提醒他注意些公共卫生和个人卫生。刚开始还有作用，可是过不了几天，他的老毛病就又犯了。不行，我必须想办法让他自觉改掉这个毛病，于是就安排他当了一名卫生小组长，谁知他却并不以为然。我鼓励他，寻找优点夸奖他，当面他都能答应得好好的，可是一旦离开老师的视线就又恢复原样了，有时放学后连地也不扫就走了，同学对他不满，我也大伤脑筋。如果放弃，那就是不敢承担责任。不行，不能就这样放弃。于是我上网查找一些问题学生的处理方式，并经常借阅有关报刊资料寻求解决的办法。

偶然一次阅读，我看到这样一句话："教育是一种爱的职业，这种爱不同于母爱、友爱，是严与爱的结合，是理智科学的爱，'是一切为了学生的爱'，它包含了教师崇高的使命感和责任感。"我内心如同一石激起千层浪，久久不能平静。是方法不对，还是我没能真正走进孩子的内心世界？我内心嘀咕着。条条道路通罗马，我试着换一下方式。我把他叫进办公室对他说："好孩子，我知道你有一个很大的优点——平时爱帮助老师。我想让你帮助我把桶内的垃圾扔掉。""OK。"他还没等我反应过来就提着垃圾快步如飞地跑了,回来后还问我有没有其他事情需要他帮忙的,我趁此对他大加表扬了一番,于是说:"如果你的桌椅地下周围连续干干净净一周,我就给你加十分的奖励。我说到做到,怎么样呢?"他瞪着一双大大的眼睛,疑惑地望着我,虽然没说一句话,但还是点了点头。

我想教师只有满怀真诚,才能带给学生智慧的启迪,才能给予他们生命的激励,才能唤醒他们灵魂深处最真、最善、最美的那一部分。现在只要下课没事,他就去找我问有没有垃圾。如果有我就会让他来帮我拿出去,回来我都鼓励他:"你变得越来越讲卫生了,更加懂事了,不但帮助老师倒垃圾,自己的卫生也大有进步。"我故意夸大他的优点,看到他羞答答微笑的样子,此时我想爱的力量已经渗入孩子的内心世界了,这种爱就如同一条唱着一曲动人歌谣的潺潺小溪在滋润着孩子灵魂深处那一方干渴的心田。同时我也深深自责,以前或许是我的言语过于严厉,管理方法不当,导致孩子表面上答应而实际上并没有真正接受,故意这样做以引起老师的注意。

就这样连续一周过后,这位同学在个人卫生和班级卫生方面一直都积极表现,为此我在班会上大力表扬他,当众为他加了十分,全体同学为他鼓掌,这是鼓励的掌声,这是信任的掌声。此刻我看到他眼睛里闪烁着激动的泪花。突然,我班的班长说:"我提议,让张同学来当我班的卫生委员吧。"说完掌声再一次响起来。我很庆幸我成功地找到了问题的切入点并创造性地开展了工作,我想只要我们能够找到这样一个"支点",相信所有的教育问题都会迎刃而解。

这件事之后,我深深地认识到:学会耐心静听花开的声音对一位老师来说是多么重要。所以,好的老师,一定会用足够的时间,让孩子慢慢长大;一定会有足够的耐心,静待花开;一定会有足够的信念,坚信每个孩子都有成功的可能,迟开的花儿一样鲜艳。真可谓,有心栽花花更美,无心插柳柳枝衰。我庆幸自己栽的这朵花已经绽放出娇美的生命,今后会更加令人赏心悦目!

肯定是最大的动力

林赛钗

　　新生分班时，我就收到消息说我们班有两个问题学生：一个情绪易激动暴躁，一个破坏力十足。作为第一年承担这项工作的菜鸟班主任，我还是非常焦虑的。暑期家访的时候我也确实见识到了威力。我今天要讲述的就是其中一个女生，姑且称她为 L 同学吧，她就是那个情绪暴躁易激动的娃。

　　暑期的时候，我和语文老师家访，L 同学家里只有妈妈在，爸爸上夜班，平时白天她就跟着奶奶。刚见面的时候她还非常热情地迎接我们，带我们参观了她的房间，我们发现她非常爱看书，语文老师还适时地表扬了她，她也挺高兴的。但是接下来当我们想要看看她的暑假作业的时候，她的脸色一下就变了。妈妈催促她去拿，她进了房间半天也没有出来，还把门锁了，说要自己找。在我们沟通了很久之后，她才稀稀拉拉地找出了一些没写任何字的语文作业，语文老师检查之后说了几点要求的目前应该达到的进度，她就开始坐立不安，在她的妈妈反馈了使用手机的问题之后她就开始大吼大叫，还哭着说自己无聊没事做，不想写作业，不会写……她的妈妈也是一点都没有办法的样子。这次家访之后我就大概了解了情况，后来聊到了她的兴趣，知道她喜欢漫画。

　　在班委竞选的时候看她对宣传委员有兴趣，我就把她安排到了宣传小组里。开学之后她经常由于作业没有完成给小组扣分，组员催她她就开始情绪激动不听，组员也多次跟我反馈了这个现象，但是我一直没有正面解决这件事。后来找她聊天的时候我也是问她在这个组待得开不开心，有没有能够辅导她。她自己也认为组员是为她好，想要改变。直到有一周的周五，组员在给她整理作业清单的时候，她又不耐烦了，说自己小学就是这样的，自己智商有问题。我就非常坚定地告诉她,我们班没有一个人智商有问题。她就问我:"老师,你是认真的吗?"我说:"当然!"于是她非常高兴,并且说自己小学的时候,大家都说她智商有问题。我本以为这是一件非常小的事情。但是后来在一次班会课的时候我让他们写了一个秘密小纸条,其中一个是开学以来你最想感谢谁,为什么。她说最想感谢我,因为我是第一个说她智商没有问题的人。她以后要为小组加分,不能再给小组扣分了。而且她真的做到了,没做作业的次数越来越少,后面几乎能够完成所有的作业。组长、组员也看到了她的努力,总是夸她。所以从那次之后至少在班里她没有出现过一次情绪问题。

这件事也深深地影响了我,让我意识到有时候老师一个非常不经意的举动,就会温暖学生,改变学生。

第四篇章　问题转化

启智正德　育人为本

方杨辉

引　言

在社会主义现代化建设的新征程中,实践"正德思想"的第一步应该让法治教育成为学生德育的第一课。新一代的孩子们大多是独生子女,从出生开始,就在家人的宠爱下成长,他们中的一部分人由于家人的溺爱,在法治观念方面有所欠缺。法治教育不光关系着学生的未来,还关系着国家和民族的未来。因此法治教育必须坚持从少年抓起,从青年把关,力争孩子们能主动做到在学校做个好学生,在社会做个好公民!

故事陈述:

我教的班中,有一个十分内向的小男孩,他成绩不突出,也不爱和人交流,每次和人交流一张脸都是红红的。但是有一天,他主动找到我说他捡到了一支看起来很新的钢笔,我当时郑重地表扬了他,并且对这种无私的精神给予了肯定和鼓励。

但让我没想到的是,询问班级内的孩子们,却并非是他们丢的,而孩子的妈妈在第二天给我打了电话,说那支笔是他从家里偷偷拿的,是一个很有意义的纪念品,让我务必把它再交给孩子带回家去。放下电话,我开始回想这个孩子的日常表现,他虽然内向,但是和同学之间相处很融洽,每次遇见他时他也会主动问好,应该是个本性不坏的孩子,而且他偷偷拿的钢笔是用来"拾金不昧"了,我想,他可能只是想要获得肯定的心情过于迫切而且欠缺了一些法律常识。

所以我私下找了他谈话,确认了他真的是太想获得老师的表扬。他说前些天班里有位同学捡到一支自动铅笔交给了老师,老师就很热烈的在全班同学面前表扬了那位同学,让他很羡慕,所以在他看到放在家里桌面上的那支崭新的钢笔时,他就偷偷带来了学校,也想获得老师的认可。

故事分析与反思实践:

一、用心用情,帮孩子们系好人生的第一粒扣子

在心理学上有这样一种说法:"症状是未满足心理需求的外部呈现"。在这件事里孩子内心的需求就是想获得表扬,行为症状就是偷拿了家里的笔想要"拾金不昧",有一个相对好的出发点却采取了一个不良的途径,所以在引导他的时候必然要肯定内在改掉表象,因此我跟他强调拾金不昧是好样的,但是偷偷的拿家里的东西也是不合班规校纪的,并且偷盗这一行为也是违反法律的,我向他保证这是我们两人才知道的事情,不会在班里批评他,而且会在上课时对他的拾金不昧进行表扬,最后他哽咽着承认了错误并且向我保证以后不会再有这种行为。树立羞耻心,在此之后,这个班级里又多了一个开朗活泼、乐于助人的好同学。

培养新时代的合格建设者和接班人,德智体美劳,一个都不能少,而法治教育则是培养新一代全面发展的基石,如木之根、水之源。从小抓起,在孩子们尚未形成全面的人生观、价值观、世界观时进行教育,也是最有效的方法。

二、用力用功,助孩子们获得起步的第一份能量

问题不攻不破,决心不干不真,用苦功、用真功,必须以提高学生们道德水平和法治意识为出发点和落脚点,出大力、出实力,联系实际,紧跟实事,把日常生活与教学实际有机结合起来,提升教学效率。

老师们的教育就是孩子们起步的助推剂,在我看来对孩子们的引导教育要如水一般,即合理变通,包容宽和。润物细无声,温和的方式更能被年纪尚小的孩子们所接受,要实现提升学生们的法治意识,不能仅仅靠于课堂上的"说教"来推动,更需要用润物细无声的法治实践教育来促进孩子们的主动性,建立他们与法治之

间有温度的关联。

点滴累积至石穿，法治教育是一个长期过程。培养新一代的法治意识，绝非一朝一夕之功，而是一个长期的、具有挑战性的系统工程。我们则要以常态化的教育引导保护青年人健康平安成长。凝心聚力至海前，像一朵云推动另一朵云，如一滴水汇聚另一滴水，"勿以善小而不为，勿以恶小而为之"小到一支铅笔一把尺子，大到遵守校规校纪，以身作则，与孩子们共同努力、一起前进，浩瀚之海汇聚百川。

三、尊重保护，种下一颗颗尊法守法的种子

法治是一种规则之治，法治是一种价值载体，是永不停歇的进行时，这也要求我辈接续奋斗，努力提升青年人的法治精神和法治意识，需要轻灌输、重引导，以启发式、互动式的教学方法，在每一个具体的生活实践中，增加参与感和生动性，让法治意识在每一位小小青年心中生根发芽。

因此，在班级管理时，我们应充分尊重孩子们的生理和心理特点，用贴近生活的例子做切入点，讲规则、教道德、宣法治。用家庭学校邻里关系，教授学生人与人之间互帮互助；用斑马线、红绿灯，传递遵法律、守规矩的意识；用爱护公物、保护弱小，激发同理心和爱心。紧跟时代潮流，比如近些日子流行的"沉浸式"体验，在课堂上成立模拟法庭，用角色扮演的方式让孩子们亲身体验法律的神圣和公正，善于提出问题并且诱导孩子们主动寻求解决方法，提升孩子们的实践能力……通过引入现实生活情景，通过角色扮演，让学生身临其境，发挥学生的主动性，考察学生能否将所学知识落实到自己的行动中，一方面提升学生分析问题解决问题的能力，另一方面引导学生真正将法律知识内化于心外化于行，做到知行合一。

除此之外，我们正处在网络时代的浪潮之中，各类信息鱼龙混杂，我们要合理利用网络平台，引导孩子们正确使用网络，明辨是非，学法懂法。

以日常化生活化的方式寓教于乐，用有针对性、时效性的微视频和动画进行普法宣传，形成法律意识，养成自觉守法的思维习惯和行为方式，但我们绝不能停留在"知法"的层面一笔带过，在"用法"上也要下功夫。

作为一名班主任，要结合生活实际告诉同学们遇到不法侵害时应该怎么办，教

导学生们学会拿起法律的武器保护自己,遇到不法事件应及时向老师向监护人报告,通过正当途径维护自己的合法权益,增强自我保护意识。

四、牢记信仰,收获正德育人下法治果实

法治建设意义重大,路途遥远,我们要主动担当、积极作为。"壹引其纲,万目皆张。"在新征程上继续谱写"中国之治"新篇章,我们要继续抓好着力点,切实增强"四个意识"、坚定"四个自信"、做到"两个维护",让听党话、跟党走的信念成为学生们的自觉追求。对未来,我们信心十足!

虽然当下班主任工作仍然面临很多挑战,但是每当想起我们为党育人、为国育才的使命职责,想起孩子们暖阳一般纯真灿烂的笑脸,我的心中就有灌满了无穷的力量和希望!

让"小刺猬"卸下心防

曹琼惠

苏格拉底说："每个人身上都有太阳，只要让它发光。"而小刺猬浑身长满了刺，为了拼命保护自己，总是用刺去伤害别人。只有遇到足够让它信任的人，它才会卸下心防，心甘情愿把刺收起。而我有幸成了那个让"小刺猬"拥抱太阳的人。

"小刺猬"的成长环境使我担忧

一年半前，作为新教师的我，拿到了教师生涯中第一份学生名单，其中，小晴的名字因和我改名前读音一样而成功吸引了我的注意，不同的是她是"晴天"的"晴"，我想这大概是一个活泼开朗的女孩吧！为统计小晴的家访时间，我打通了她爸爸的电话，在电话中，她的爸爸却反复和我说："老师，我们家小晴从小被爷爷宠着，脾气很不好，如果她在学校做了哪些错事，请你和我说，我会教育她的。"带着疑惑与期待，我来到了小晴家。

初入家门时，我就被眼前的一幕震惊了。房间很小，四壁和地面都是水泥，阳台堆满了杂物，除了餐桌外找不到其他的桌子，甚至小晴给我展示她学的拼音时都是蹲着在椅子上书写的……在家访过程中我了解到，小晴是单亲家庭，从小和爷爷一起长大，奶奶也在她四岁时去世了，也就是说陪伴她成长的只有爷爷和爸爸。正是这样的成长环境，使得小晴比起同龄人在心智上更加成熟，同时也缺乏安全感和父母的关爱。联想起她爸爸电话里说的话，我不免产生了担忧：这个孩子以后会怎么样？会不会捣乱？她在家里怎么学习呢？

"小刺猬"频繁闯祸,让我束手无策

果不其然,一年级刚开学,小晴便"闯出了许多祸",我每天都会从其他学生和任课老师的口中得到一堆关于她的"投诉",甚至一天到晚不停与她爸爸沟通,处理她的事件。

印象最深的有:1.午餐时间经常躲在门缝后,执意不肯吃饭,嘴上还嚷嚷着:"我要跳楼,我不想活了!"2.拿水彩笔把自己的指甲涂的五颜六色,把桌子上也涂得面目全非,甚至拿马克笔在脸上乱涂乱画。3.上课完全不听讲,自顾自地捣鼓手头上能玩的一切物件,比如将美术课的黏土袋里装满水,做成捏捏乐,在桌上使劲捏,结果爆炸后粘得遍地都是。4.老师们布置的任务或练习,她一个字也不写,基本完全空白。5.无法接受批评,只要被老师批评或者哪一点不如意了就会一个人赌气跑出教室,自己藏起来,老师们担心她出事,到处寻找。6.做出一些危险行为,比如爬到栏杆上、翻窗、站在洗手台高处等。

小晴的闯祸频率和程度完全超乎我的意料,甚至年级组的老师和校长们都被她的行为震惊了。期间,我每天打电话和她爸爸反馈,也严厉地批评她的不良和危险行为,耐心告诉她这样做的后果是什么,然而却无济于事,最多好个一两天,又开始变本加厉。无论是惩罚式的严厉教育也好,还是了解做事动机后的奖励教育也罢,甚至校长和她爸爸约谈、心理老师干预等,都效果甚微。对于她的这些行为,我使出了浑身解数,实在是束手无策,还令我焦虑万分。用年级组老师们的话来说:"小晴这个孩子很聪明,她比同龄人要成熟太多了,很多时候你也分辨不出她到底说的是真话还是假话,还是因为缺乏家庭的关爱!太可惜了!"

从根源解决,轻扣"小刺猬"心门

在小晴的频繁捣乱下,一学期结束了。我开始思考小晴的问题,也在与年级组老师们的谈话中了解到她做这些事情的真正原因可能是为了引起老师和同学们的注意。因为太缺乏爱了,所以她非常渴望爱,渴望在学校里交到好朋友。可是她不知道到底用什么方式引起大家的关注,所以选择了错误的方法,但有时候我们的批评和指责反倒让她陷入了恶性循环,也更没有学生愿意和她交朋友。

意识到这一点后,我决定尝试改变教育方式,从老师的视角——"她犯错了,我要批评教育,让这种行为不能再在班级发生"转变为小晴的视角——"她这样做是为什么,我怎么去帮助她"。于是,我尝试去理解她、接纳她甚至治愈她。

一年级下学期,我尽可能找到她身上的闪光点,哪怕是比起之前有那么一点点进步也好,我都会在全班面前大张旗鼓地表扬她、肯定她,甚至把她的进步和改变作为全班同学学习的榜样。此外,我还私下和小晴爸爸从孩子身心发展的角度聊了好久,并提出了期望,希望他哪怕工作再忙也能多回去陪陪孩子,并且时常将孩子的进步以及聪明才智反馈给他。经过一学期的努力,虽然小晴依旧在行为上反反复复,但总体上改变了不少,也有了一些要好的朋友,在学习上也变得上心了,小晴爸爸也更加关心孩子。

"小刺猬"卸下刺,迎来质的改变

不知不觉,小晴上二年级了,她的改变出乎我的意料,甚至所有老师都被她翻天覆地的变化而震撼。课上的她大部分时间都能做到眼神专注,举手积极,坐姿端正;课余时间的她能自主认真完成作业,且字迹端正整洁;此外,她也不再出现一年级时那些引人注目的危险行为,甚至能帮助老师进行督促。为此,我在班级里树典型、立模范,将与小晴的正能量谈话内容在全班进行分享,鼓励同学们向小晴学习,小晴还被全班同学一致投票评为第一周的"彬彬有礼小学生"。

如今的小晴已经卸下了浑身的刺,顺利地迎来了质的改变,而她的改变也给了我希望:每一个孩子都是独一无二的,都是可以被教育的,只是没有找对方法,也许改变的过程很漫长,路径很曲折,但只要坚持一定有成效。同时,班里还有很多像以前的她一样渴望被关注的孩子,小晴更给了全班同学信心:只要有决心,只要努力,我也同样可以用正确、积极的方式吸引很多的朋友,得到大家的关注和赞赏。至此,"小刺猬"成功卸下了伪装,我也拥抱到了柔软的"小刺猬"。

希望每个孩子都能卸下那些刺,勇敢追求梦想,健康快乐长大!

谈话"六步走",用心巧育人
——"我也怕丢脸"事件的教育自我反思
张 瑜

师风好,则班风正;班风正,则树人直。古语云:"亲其师,信其道;尊其师,奉其教;敬其师,效其行。"作为肩负传道、授业、解惑职责的教师,只有真正做到学为人师、行为世范,才能构建起风清气正、清清爽爽的班级生态,也方能实现"风以动之,教以化之"的育人理想。自从成为一名教师,尤其是班主任后,每天在我们之间,或者我们周边都发生着很多有趣的故事。作为教师或者班主任,我们应该时刻注意控制教学中可能发生或已经发生的突发事件,提高教学管理水平。

起因:一场看似没有烟火的小摩擦

有一天上午,我在课前5分钟提前到班进行候课,发现班级的班长小邱同学正非常气愤地坐在位置上,旁边围着三四个男生跟他一起讨论,安慰他。我问了一句:"小邱怎么了?"旁边一位女生小声回答我,刚刚他跟A老师发生矛盾,A老师很生气,批评了他一顿。我想着,小邱这个小孩,是个很冲动的小孩,可能是昨天的作业质量很差,所以才被批评的。我以开玩笑的语气说了一句:"小邱同学,你是不是惹小A老师生气了呀?"小邱同学听到我这么说之后,本来的怒气可能找到了发泄的地方,突然冲我大声地说了一句:"你凭什么断定就是我的错? 为什么不能是老师错了? 教师和学生不应是平等的吗?"听完他的话,看到他哽咽的样子,我一时之间不知道怎么接这个话。一方面,这个时候一定不能跟他硬来,因为确实要照顾学生的情绪。第二方面,他好像真的有很多的委屈,等他冷静之后可以好好了解一下。但是我的心里又会在想：不对，我是班主任，有个学生竟然在同学面前让我失了面子？我也觉得教师的威严受到了挑战。

当下思考：正确归因学生思想和行为

这节课开始了，我正常选择上课。但是上课的过程当中，我看着有点委屈、面露难色的小邱，心里还是觉得有些心疼。我应该怎么帮助他，我自己的行为方式又是否合适呢？我想对于这次的冲突，我们两个都是负有一定责任的，我一定不能把责任全部归结在学生一个人身上。

自身方面

我首先进行自我反思：在第一时间，我也觉得自己的面子有点受损，我为什么会出现这样的想法？我希望自己带出来的学生个个出类拔萃，成绩优异，也懂得尊师重道，在快乐和尊重中享受知识。很多时候，找到矛盾的根源，我相信大多数矛盾在课下是可以用沟通方式来解决的。我在跟他交流过程中，虽然只说了一句话，而且在我看来是玩笑话，却伤害了他的自尊和感情，学生和教师的人际关系就会出现一些裂痕，虽然他可能针对的并不是我。如果我不化解他的心理矛盾，无论有怎样的良好用心，学生的接受程度也会受到影响。就像苏霍姆林斯基说的那样："接触孩子的心灵世界是一门小心翼翼的艺术，就如同接触含苞待放的玫瑰花瓣上的晶莹露珠一样，需要世界上最细致的工匠。"魏书生也说过："教师应该具备进入学生心灵世界的本领，不是站在这个世界对面发牢骚、叹息，而应该在这心灵中耕耘、播种、收获。"而我，不应该觉得有些遗憾，自己未曾这样尝试去做吗？

学生方面

我了解小邱的性格，他是一个在学校影响力比较大的同学。学校是他比较愿意来的地方，在这里他能够受到别人尊敬，因为他的演讲口才很好，辩论能力很棒，主持风格幽默，所以很有号召力，同时对学习有一定的上进心，学业能力水平也比较不错。但是对于教师的批评和指责，他会第一时间开始反抗，觉得伤害了他的自尊心,有时候心情郁闷得几天转不过来。他是个很要面子的人,但是也很冲动,容易鲁莽行事,比较敏感。

小邱是个独生子女,小学以前是在老家衢州的爷爷奶奶带的,家里所有其他成员都围绕着他转,娇生惯养、溺爱的比较多,比较以自我为中心,而后来与父母在一起住,父母对他很严格,采用打压式的教育方式,希望孩子完全服从,必须优秀。正是这样的落差,让小邱同学在家很叛逆,故意不写作业,不做事情,打游戏,与父母抗争。我与孩子母亲探讨这个问题的时候,母亲说:"小学我们压他,压的时候其实他都是很听话的,但是一到了初中,初一下学期开始,他就一点点跟我们反着来,经常出现在家里吵吵闹闹,或者摔东西的现象。"

我的理论依据——《正面管教》第二章赢得尊重的四个步骤

我想起最近我在研读并且深有体会的一本书,也是我最喜欢的一本书——《正面管教》第二章节基本概念中,作者提到,赢得合作的四个步骤是:

1.表达出对孩子感受的理解。一定要向孩子核实你的理解是对的。

2.表达出对孩子的同情,而不是宽恕。同情并不表示你认同或者宽恕孩子的行为,而只是意味着你理解孩子的感受。这时,你如果告诉孩子,你也曾有过类似的感受或行为,效果会更好。

3.告诉孩子你的感受。如果你真诚而友善地进行了前面两个步骤,孩子此时间就会愿意听你说了。

4.让孩子关注于解决问题。问孩子对于避免将来再出现这类问题有什么想法。如果孩子没有想法,你可以提出一些建议,直到你们达成共识。

这样的操作方式能够让我们赢得孩子。这也是我非常喜欢的理论。书上说道,所谓"赢了"孩子是指大人用控制、惩罚的手段战胜了孩子;而"赢得"孩子是指大人维护孩子的尊严,以尊重孩子的态度对待孩子(和善而坚定),相信孩子有能力与大人合作并贡献他们的一份力量。这需要大人给予孩子大量的鼓励,并要花时间训练孩子的基本人生技能。"赢了"孩子,使孩子成为失败者。而失败通常会导致孩子反叛或盲目顺从。而"赢得"孩子意味着获得孩子心甘情愿的合作。

解决：巨人肩膀上研发的六步走重获尊重

基于这样的理论基础，我想到了我的交流方式。

1. 表达出对孩子感受的理解。我告诉小邱，我很能理解他的感受。如果自己首先觉得被冤枉难过，这个时候自己喜欢的班主任也来说上一句，他心理肯定会很难受。小邱抬头看了我一眼，难以相信我会说出这番话，他的眼神明显没有那么尖锐了。加上他本身就不是很会惹事的小孩，还是有一定的辨别是非的能力的，我从他的眼神当中读到，原来你是理解我的。

2. 表达我的同情，产生共情。我告诉小邱，我以前在小学的时候也遇到过我觉得非常委屈的事情。我曾经有一次作业最后一题真的没有看到，结果就漏了。当天，恰好有五六个同学是没有写作业的，老师发了很大的火，让所有没写作业的起来，因为很多孩子不止一次犯了这样的错误，她当着全班的面，让我们下课后马上把家长叫来。我当时觉得很委屈，因为我从来没有不写作业过。他说，老师那你把家长叫来了吗？我说没有，虽然老师上课让我被批评了，下课还是单独找我了，了解了原因之后说可以原谅我一次，但是我还是觉得在课堂上被羞辱了。他对我的话完全相信，也觉得我是一个很能亲近的人。

3. 让孩子说出他的感受。孩子说："我的作业昨天没有好好写，因为我跟妈妈吵架了，我就是看她不爽，不想跟他交流，她让我做作业，我偏偏不写。上课的时候，小 A 老师骂了我，说得很凶，我很难过，我觉得他不可以当着这么多人的面说我。"

4. 帮助孩子正确归因。初三的孩子已经明确地建立了自己的是非观，所以他们其实比较清楚这件事情是谁对谁错。于是我说："我也能理解你的感受，但是你能从老师的角度或者你自己公正的角度来想想看这是什么原因么？主要的原因到底在于谁？"孩子顿了顿，并没有继续说话。我又鼓励道："我觉得你是一个非常公正的人，你一定会给我一个公平公正的答案的。"他继续说："我知道，最先有问题的是我，我不应该乱写作业。我是班级的班长，更不应该做坏的榜样。但是老师，我在家要跟妈妈顶撞这件事情我是不会改的，老师骂我虽然是应该的，但是我也希望他下次能先跟我私下沟通一下。"

5. 告诉孩子我的感受。我又继续鼓励道："我觉得你是一个非常有号召力的孩子,你的一切我都是看在心里的,让你成为班长,我一点都没有后悔过。但是每个人都会犯错。如果犯错之后,我们能够细心去反思,去弥补,我觉得没有什么是做不到的,而且我对你的期望非常高。"孩子点了点头。

6. 关注于解决方法。在我们前面的对话结束之后,我问了孩子他觉得这件事情应该怎么做会比较好。小邱说："我会尽量做到控制自己,好好做作业的;并且我会告诉小A老师,我的表现是有问题的,但是我也会跟小A老师说,让她尽可能下次给我留点面子。如果一次没做,可以先跟我说下,如果我第二次还是没做,那我一定接受她的批评。"我说："那妈妈呢?"他的表情瞬间凝重起来,说："我妈妈不是一般人能沟通的,我绝对不会服软的。"我心里想,所有事情都要一步步来,一步一个脚印,至少今天我们的谈话先解决了一件事情,只是后续我要继续跟进他的家庭生活了。

先把学生放在第一位,把学生的心理因素放在第一位。"教育——这首先是关心备至地、深思熟虑地、小心翼翼地去触及年轻的心灵。"教师,就应该能够看到孩子的心灵深处,去了解每一个心灵的想法,尝试去了解,去引导,去敬畏。

启迪:一次解决一件事情,且用最好的方式解决

1. 教师首先要赢得尊重,赢得孩子。

中国现代教育家陶行知说过："你的教鞭下有瓦特,你的冷眼里有牛顿,你的讥笑中有爱迪生。"教师不是圣人,如果确实出现一定的纠纷或者上课的冲突,有些甚至是直接的顶撞,老师必然也会产生难过甚至愤怒的心理,这是人之常情。但是,越是这种时候,作为教师,更应该拿出自己的专业素养,及时调整好自己的心态,控制住自己的脾气,时刻提醒自己发脾气并无益于事情的解决,在学生面前展现自己的礼貌、宽容、尊重,如果我们这样做了,我们的忍耐、克制等人格品质将慢慢深入学生心中,这个时候你心中所谓的"威信"可能暂时失去了,但是教师的人格威信也将逐步在学生心中树立起来。我们要秉承这样一种清醒的认识,科学的教学需要

情感,同时也需要理性,一旦在师生关系或者在课堂教学中,出现不和谐的现象时,最需要的还是教师理性的处理方式。

2．教师要具备理性分析的能力

处理任何一次偶发冲突事件,不仅仅需要教师冷静地进行分析,更要我们主动地寻找不和谐现象背后所出现的真实原因,善于发现,找准突破口。我们要知道,师生有矛盾,解决问题的主动权往往在老师的手中。利用自己手中的"解决问题的主动权",居高临下地强令学生主动退让,已经成为一种不明智的做法,它不能为我们带来想要的效果。然而我们依然可以利用自己手中的"解决问题的主动权"去寻找、去发现解决矛盾的突破口,使学生乐意主动承认错误并改正。我的六步走在谈话中一直是我在实践的活动,我也确实在每次活动中能够感受到学生对我逐渐产生的信任和尊重。这种尊重是相互的,也是可贵的。老师没有爱是万万不能的,但是教师的爱绝对不是万能的,教师一定要肩负起自己的责任,科学高效地处理好课堂教学中发生的突发事件。

3．要有一次解决一个矛盾的想法

一次解决一件事情,是我做事情时坚持的道理。一次只做一件事情,可以使得我们静下心来,真正去研究问题。一心一意,才能让我们把事情真正很好地去完成。倘若你奔着马上解决所有事情的想法,很有可能让自己心情浮躁,什么都想去抓住,这样做,到头来会是两手空空,一无所获。与学生的教育过程,更是需要我们一步一个脚印,教育人的眼光要长,格局要高,心底要善,一次的目标也要短一点。比如小邱,他跟父母的矛盾在第一时间可能不能解决,但是我当下处理的问题是我和他之间的矛盾,师生之间的矛盾。当孩子认识到这件事情他可以很好地去弥补的话,这件事情本身就已经起到了教育意义。

"我要杀了我妈"

——从课堂上的一声呐喊说起

虞云妍

　　七年级上学期的一堂道德与法治课上,我正在和同学们交流亲子关系的话题,一个男孩子小F忽然激动地大喊了一句:"我要杀了我妈!"霎时间,全场寂静,我和其他同学一样,被这句突如其来的、"大逆不道"的话"震慑"住了。同学们的目光先是望向这位男生,0.1秒之后,就齐刷刷地望向我,"口出狂言"的小F也毫不畏惧地看着我。我知道,所有人都在等我的反应。我笑了笑,说道:"老师一点儿也不为小F担忧,因为老师知道,会这样说的孩子正被妈妈深深爱着。"大家显然都没想到我会这么说,都若有所思的样子。我随即借此机会引入相互理解的话题,这节课很快就结束了,我的心却久久不能平静……

剖析:被偏爱的总是有恃无恐

　　小F是一位性格大大咧咧的游戏沉迷少年。我之前对这孩子的印象是比较懒惰,没什么自我控制力,一直以来的学习态度不太认真,导致成绩在班里也比较落后。不过这孩子大方、善良,上课爱发言表达自己的观点,平时和同学们的关系也都挺不错。因此,我才会在他喊出"我要杀了我妈"这句话之后,没有问为什么,而是直接暗示小F,他正被妈妈深深爱着。他听了显然有些意外,但也没有反驳,反而是若有所思的样子。我暗暗松了一口气,幸好,猜得没错。

　　我会这样猜测是基于青春期孩子普遍的心理特点。没人会想要闷闷不乐,但是如果说在生命的某段时光,这种心情会被视为合理的,甚至在某种程度上说是重要的，那大概就是13～20岁。青春期，一段特别的人生时光。多少青春不再的成年人用诗歌、电影、小说歌颂这段美丽又短暂的岁月。但是，处在青春期的少男少女们却不能体会青春的美妙，他们往往都是偏激的、冲动的、炙热而又痛苦的。13岁的小F正处于这一阶段，而回忆你我的青春期，又何尝不是如此呢？

天真烂漫的孩童不懂生活，而当他们进入青春期以后，就会开始意识到没有人真正理解他们，于是自然而然地与他的身边最亲近的人发生冲突，那就是父母。这让亲子关系成了青春期教育不可或缺的主题，也是《道德与法治》作为学校专业的德育课所绕不开的话题，是我作为班主任和《道德与法治》教师的责任和义务。

在我看来，不再是父母的"乖乖孩"是一个人成长的巨大进步，因为越是复杂的人类越是难以轻易被人理解。青少年开始学会走出"听话"等幼稚的人际关系，与他人建立真正的联系。这就解释了为何少男少女们会在冷峻的外表下，拥有一颗最最敏感的心，所以他们才那么容易被优美的诗歌所感动、为崇高的理想所感召。青春期的孩子恨自己的父母，这是对父母的关心和爱的正常反应。因此小F喊的这句令人惊骇的话，只是他被疼爱着的表现。爱只有被打破，才能证明它可以很坚强。相反，真正让人着急的并不是那些对父母不敬、把自己的错误归咎于父母的青少年，而是那些担心自己会没人爱，所以绝不能行差踏错的、战战兢兢的"小大人"。

调查："哲学家"和妈妈的争吵

但是，小F到底是怎么想的呢？虽然在课堂上不便细问，但我还是应该弄清楚这件事的来龙去脉。于是，我找到了其他任课老师了解情况。大家都说不出个所以然，其中Z老师的话引起了我的注意："啊？小F竟然这样说。我没听到他和父母最近有什么矛盾，这孩子最近上我的课也老是提出很多奇怪的问题，让人哭笑不得。"听完Z老师的话，我在笔记本上写下了几个字——"奇怪的问题"。我这才想起小F喊出的那句话有一个突出的字眼——"杀"。小F是不是在玩什么暴力游戏？我一边想，一边拨通了小F妈妈的电话。我并没有提到小F在课堂上的表现，只是问道："孩子最近放了学还玩游戏吗？"小F妈妈说："玩呢！我说了好多遍都不听，我忍无可忍就把他的手机锁起来了，这不，他这两天都在和我闹脾气呢!"我又问:"他在玩什么游戏?"小F妈妈告诉了我，却并不是暴力游戏。看来，"杀人动机"搞清楚了，就是因为妈妈不让玩游戏。

不过，既然不是受暴力游戏影响，那又为什么牵涉生死这样的大事呢? 只是孩子随口一提吗? 我有些怀疑。而且Z老师也提到小F最近常常会提出很多"奇怪的问题"，他究竟在思考什么? 为了更深入地发掘背后的原因，我开始查找相关资料，终于在青春期心理方面找到了突破口。

有研究表明，青少年都是天生的哲学家。他们提出的问题总是不那么受待见，这是因为他们开始思考生活的意义。青少年时期真正的终点并不是不再追问这些问题，每天老老实实地活着，而是拥有能将他的一生建立在花季时候沉迷的哲学问题上的能力。古人云:"死生亦大矣!"看来小F正在思考生命的终极意义，又没有得到答案。"人为什么活着?""我这样活着有意义吗?""死亡意味着什么?"这些问题不也常常进入我们的脑海吗? 于是我们这位"哲学家"在和妈妈发生争吵时，就冒出了这句"我要杀了我妈"。乍一听令人震惊，这样想想也可以被理解了。

转变:成长就在领悟的瞬间

其实小F不是只有一个人。随着年龄的增长，我们班的孩子们陆陆续续都要进入这酸甜苦辣的青春期。我国台湾称"初中二年级"为"国中二年级"，这一时期将是青春期问题的爆发期，也是"中二病"这个名词的由来。然而随着社会的发展，青春期开始的平均时间也有大为提前的趋势。为了给孩子们提前打支预防针，也为了给"小F事件"一个交代，我觉得有必要对全班同学进行一次教育。具体怎么实施，我却始终找不到最合适的办法。班会课? 泛泛而谈未必有效。我继续翻阅资料，同时和身边的班主任们"取经"。为了让父母与孩子真正做到换位思考，最终大家一致决定，进行一场特殊的角色互换游戏。其实，青少年也"厌恶"自己。他们讨厌自己的样貌、说话的方式、给人的印象，没有一个青少年不想快快长大。于是我趁着周末，把这个计划告诉了孩子们，也请家长们予以配合。放学了，孩子们兴奋地跑出了校门。整个周末，我都在想象角色互换的画面，有些忐忑又有些期待，不知道会发生什么。

周一大清早，我刚踏进办公室，就有孩子在等我了。见我来了，小H跑过来说："老师老师，你终于来了。昨天我老爸躺着玩手机，被我训了一顿哈哈哈哈，谁让他平时也骂我呢！"我忍俊不禁，问："你这么厉害啊！然后呢？""然后……然后他就让我去洗碗了，黏糊糊的剩菜太恶心了！真不知道他们平时怎么受得了。"小H皱着眉。我心中暗暗高兴，看来有点作用。晨间活动时，我特地抽出10分钟让孩子们畅所欲言，交流这次活动的感受。有的说："我把作业给我妈做，她完全不会哈哈哈！亏她平时还总说我比不上别人家的孩子！"。有的说："还好我爸那天不上班，不然我就要去送外卖了！"我微笑听着，一开始孩子们都嘻嘻哈哈地，后来声音渐渐低了下去，表情也不再全是玩笑。于是我让他们在匿名小纸条上写一句最深刻的感想，折起来交给我。多数纸条上都写着感受到了爸妈的不容易，或各种"彩虹屁"夸这次活动不错，只有一张很特别，上面用一行很小很小的字写着："妈妈，我爱你。"

我不知道这是不是小F写的，这也并不重要。人的天性有很多面，没有磨难我们不能触及内心深处。在青少年期间所遭受的磨难如果值得，那是因为磨难带来了某些重要发展时刻和领悟的瞬间。

反思：每个人都是人格独立的平等的人

"小F事件"暂时告一段落了，在这过程中我感触颇深。

首先是要冷静。不管课堂上出现什么惊天动地的大事也要从容不迫，冷静思考。青春期的孩子们的行为举止必定有自己的原因，虽然可能逻辑不正确，但一定是有迹可循的。所以千万不要立马否定孩子，用自己的想法给孩子贴标签、上纲上线，要真正去理解青少年是如何认识世界、理解世界的。

其次，在理解学生的真实想法以后，要站在他们的角度思考解决办法，要用他们能够接受的方式真正击中他们的灵魂。雅思贝尔斯说："教育是一棵树摇动另一棵树，一朵云推动另一朵云，一个灵魂唤醒另一个灵魂。"伟大的教育家都是谦卑的，在这句话里我没有看到师生，只看到了平等的两个人。都说教师是摆渡人，但摆渡者在渡人时,何尝不是在接受对方的另一种摆渡? 正如我所希望的,通过与孩子们的相处,不断在教学中成为更好的人。真正的教育,是人的灵魂的教育,而非理性知识的堆积。真正的教育,只有在尊重每个人都是人格独立的平等的人的前提下才有可能发生。苏格拉底式的教育之所以适用至今,也是因为关注到了学生的生命价值和尊严。我们希望学生能成长为善良温暖、见解独到的人,那么我们的教育就必须尊重学生,平等对待学生。

青春是一种不可思议的力量。它催发着青少年的身体,启迪着他们的智慧,灌输着热烈的盛情,也带来了难言的压抑与痛苦。青少年心底的悲伤和愤怒,其实源于他们察觉到了生活的艰难和荒唐,而对此不曾怀疑的人少之又少。在我选择成为一名初中教师的时候,就已经决定长期与"青春期"打交道了。我愿做一个麦田里的守望者,职责就是守望。如果有哪个孩子往悬崖边来,我就把他捉住。

以爱为舟，做幸福摆渡人

王润昕

在我心中，每个孩子都是一朵会开的花，或迟或早，或短或长。一花一草皆生命，一桃一李亦芬芳。面对特殊的儿童，我们需要更多的时间和耐心去静待花开，每个孩子都需要我们用爱去浇灌。

初遇沉默的他

我发现有个叫小Z的孩子，他总是有点不太合群，课上不听讲，乱写乱画，丢三落四，贪玩得厉害。他的课桌永远杂乱无章，书本文具永远不知如何找起。有时一个人蹲在桌子下面，一只虫、一支笔、一张纸也能够玩上一节课。他的作业似乎从未及时交给老师批阅过。课后，他也不爱跟其他小朋友玩，而是一人在草丛里捉蜘蛛、捉蚂蚁等小虫。

走近未知的他

对于这个孩子，我也花了不少工夫，苦口婆心地谈话，课上点名提醒，甚至有一次还当着全班同学对孩子的不写作业、不听讲的行为进行了点名，而这些对于这个孩子来说就是毛毛雨，一点作用都不起，反而使他变本加厉了。作为班主任，我陷入了沉思：面对这样的孩子，我该怎么办？要"治病"就得先摸准"病根"。

于是，我决定对小Z进行一次家访。在交流中，我发现小Z爸爸平时上班比较忙，妈妈是家庭全职主妇，平时在家就是自顾自做自己的事情，缺乏和孩子的交流，抱着孩子不烦两相安的心态，久而久之孩子就不再需要与他人交流，自顾自玩耍。在小Z进入小学后，从未按时完成过作业，他妈妈遇到这种情况，也不懂如何与孩子交流，只能用打骂来解决。但打骂非但没有起到任何作用，还让他越来越不愿意参与到正常的学习当中来。不过，小Z也并不是没有优点。譬如他热爱劳动，在家里经常帮忙做家务；爷爷身体不好时，他也能主动照顾爷爷……我被孩子感动了，原来小Z身上有这么多优点我都没有及时发现，平时总盯着他的缺点。

欣喜守约的他

通过家访了解，还有在学校的观察，我发现其实小Z并不是不要求上进，他只是基础不好，再加上为了引起父母和老师同学的关注，就故意上课不听，作业不写。久而久之，更加没有同学愿意和他交朋友，甚至都不愿意和他一个小组。

针对小Z的情形，我首先和他的爸爸妈妈约定：每天不管多忙，都要抽一点时间和孩子聊聊天，让孩子感受到父母亲是关心他、爱护他的，对于孩子的每一点进步都要多鼓励和肯定。

一天课间，我借机和小Z聊天："原来你有这么多的优点啊，老师之前都没有发现，那我们来个约定如何？我们好好努力，争取在下一次班级分组时，能有小组主动选择你，这个约定咱们能达成一致吗？"小Z迟疑了一下，但最后还是点头答应了。后来，小Z真的遵守了我们之间的约定，基本能按时上交作业，课上也能约束自己听讲了，虽然和大部分孩子没法比，但是和他自己比已经有了很大进步和改观。

激励进步的他

有一次课上，我请小Z发言。没想到他的发言居然对了，于是我就借题发挥了："哎呀，小Z的这个发言太精彩了，可以得两颗星呢！可是，这两颗星加在哪一组呢?"有两组的孩子都大叫:"我们组!我们组!"小Z听了,回头看着大家,呵呵呵地笑了。我赶忙追了一句:"可小Z不是你们组的同学呀!"一个孩子高声叫起来:"我们组要小Z!"另一组也不甘示弱,抢着要小Z。再看看小Z,他已经坐在位置上,高兴地捶起了桌子,笑得更加灿烂了。他如此容易满足,可见他很少得到别人的重视;他如此简单地表达自己的快乐,没有任何掩饰,可见他是多么单纯。这样的孩子,不是更需要老师的关爱吗?

于是,我趁热打铁,说:"小Z,同学们都争着要你,我可决定不了了,怎么办?"他站起来,自豪地说:"呵呵,那就让两组石头剪子布,哪组赢了我就到哪一组!"我忙叫停:"同学们,等一等!小Z发言好可以为小组加星,可是如果他犯了错,也要给小组扣星。你们还要他到你们组吗?"这时其中一组的孩子们一下子熄了火,面面相觑,不吭声了。第三组的孩子却说:"要,要,要!""为什么你们还要他加入你们这一组呢?"一个小男孩站起来说:"只要小Z是我们小组的一个,有优点,我们要他,有缺点,我们也要他。"我真不敢相信这句话出自一个二年级的孩子之口,一个深刻的道理就被他这样简单地诠释了。小Z自然就成了这一组的一员了。

我不失时机地总结:"小Z给第三组带来了两颗星,老师还要给第三组再加一颗星,因为是他们告诉了我们每一个人,在一个集体里,既要看到组员的优点,还要包容组员的缺点,因为每个人都不是十全十美的。谢谢你们!"说完,我带头鼓起了掌。从那天开始,尽管小Z又犯了不少错,可他再也没离开过第三组。他已经将自己融入了集体之中,并且一点点地在改正身上的缺点,而第三组的同学们也履行了自己的诺言,用宽容吸纳了小Z。

如果说教育是一片充满希望的沃土,教师的温暖就是助力种子发芽的阳光。让我们用智慧、用爱去敲醒孩子的心灵之门,走进那缤纷的童心世界,心香一瓣,静待花开。在我心中,每个孩子都是一朵会开的花,或迟或早,或短或长。一花一草皆生命,一桃一李亦芬芳。面对特殊的儿童,我们需要更多的时间和耐心去静待花开,每一个孩子都需要我们用爱去浇灌。

"防弹玻璃"制造计划

王润昕

　　我们班的怀瑾小朋友刚刚开学的时候是个"透明人",从来不参与课堂,下课就不知道跑到哪里去了。后来我发现他在上课的时候注意力特别不集中,几乎不怎么听课,也喜欢插话。但是一旦他举手没有被老师叫起来回答,或者老师用比较严厉的语气和他说话,他都会情绪爆发,开始丢东西。他的书写很薄弱,但是一旦我多次提出改正意见,他就自己放弃了,甚至扔笔撕书。

　　这个孩子由于缺少父母的关注和教育,对挫折的承受能力很差,是个时不时情绪崩溃的"玻璃心"。比较天真,非常缺少外界的肯定。

　　除了和家长积极沟通,让家长重视起家庭教育之外,面对这个"玻璃心小朋友"我也采取了一些小办法。

一、唤起自尊法

　　这一招对他尤其适用。在平时和他的沟通交流中,我认为虽然他的表现不是很好,对一些违反纪律的现象并不在意,但他觉得自己是"男子汉"。于是我在与他沟通的时候,先让他说说什么样的人才算得上是真正的男子汉。然后,我让他用"男子汉"的标准要求自己,男子汉是敢于面对困难的,不是一遇到困难就扔东西的。慢慢地,他乱扔东西的情况改善了很多。

第四篇章　问题转化

121

二、发现优点法

常言道："气可鼓而不可泄"。我发现该生是一个非常在乎老师对他的评价的学生，如果在他犯了错误的时候一味地呵斥、批评。其结果无非是"外托服从之名，内怀犹豫之计"，不利于良好师生关系的建立。批评不如表扬，也就是在学生犯了错误的时候，如果这一错误不是特别严重，就不去批评，而是告诉他"你今天在×××上有了进步，如果×××在做得更好一点，就更棒了。"

我也在班会课的时候，让全班同学一起当着面给他找优点，让他重新认识自己，增强自信心，从而自觉地遵守纪律。

三、"另类"鼓励法

在孩子的成长教育过程中，鼓励是非常必要的成分。但是，我发现有些"身经百战"的孩子经历过太多的"糖衣炮弹"，早过了那个一句"你真棒"就会偷笑的程度。每当学生做错题目的时候，我都会说："嗯，这道题出的好，有难度！×××也没做出来，把你们难倒了，我看看谁是最先做对的。"尽管每个孩子都会犯错误，但这并不阻止他小小的好胜心。相反，太过表面化的鼓励会让孩子觉得很反感。鼓励，要恰到好处，让他觉得这句肯定需要争取。因为不容易得到，所以更具诱惑力。这样的鼓励和肯定才是有效的。

四、暗示法

暗示，在每个时期都要有。譬如"另类"鼓励的时候，怎么样能让孩子觉得老师的肯定很难得？前期的时候，就要经常有这样的暗示性的语言："我最近要提高要求，从不轻易表扬一个人，能让我表扬的学生很少，但一定是最好的。""可以啊，这都难不倒你。""没看出来啊，一定是回家努力练习了，给了老师一个惊喜。"

或者间接一点的："你已经连续多少天作业优秀了?""你已经连续做对多少道题了?"这样,他会不自觉地刷新他的记录。

五、目标渐进法

对于他这样需要慢慢调整的学生,要想让他一下子将错误全部改掉显然是不现实的。这种情况可以采用目标渐进法。

所谓"目标渐进法"就是让学生先自己分析容易犯什么样的错,以及程度和危害,然后再根据这些确定改正的期限,一般不超过一个月,以天或周为单位,和他做好约定,改正了有大力表扬。

六、持续调整法

当孩子对我的肯定感兴趣时,我就已经赢了第一步,这时候老师似乎占主导地位,但是,根基还不深。此时,需要与他积累这种良好的氛围,让他每节课都为那一句有点挑战的鼓励奋斗。在他暴露本来不好的面目时,诧异地对他说:"今天怎么回事,不像进步的你啊?"相信这时候没有任何一个孩子会告诉老师,他本来就这样。他小小的虚荣心让他不得不维护在老师心目中的"光辉形象"。因此,每当他的惰性开始作祟的时候,我都会用不同的方法让他重新振作起来。

总之,教育是门艺术,在学生犯错误时,我们不但要严格要求,更要采取多种方式,严而有情,让学生乐意接受,动之以情,晓之以理,才能够取得较为理想的效果。

"坏孩子"的光芒

方依柳

偌大的报告厅,一块巨大的LED电子屏伫立在中央,802班的孩子已经在台上正襟危坐,台下坐着来自武汉各个学校的教师代表。看着这一幅幅场景,我深吸了一口气,喊了声"上课",便正式踏上了我的武汉送课之旅。

临危受命:内心忐忑

时间倒回到一个月之前,我刚备完课,准备再看一下第二天上课的课件,突然收到去武汉参加一节合作学习展示课的通知。临危受命,我的内心是极其忐忑的。一是因为正值期末复习,如何做到复习磨课两不耽误,这是我需要去平衡的;二是因为作为一个教书第二年的新老师,我即将要去到一个陌生的地方,面对的是一群我完全不熟悉的孩子;三是因为既然是一节合作学习的展示课堂,学生在课堂中的表现力极为重要,但是学生能力如何,一切都是未知的挑战。当然,我相信,既然是挑战,那同时肯定也是机遇,更是我成长的平台。于是,我调整好心态,当天晚上就写好了磨课计划。

精打细磨:信心满满

经过整个备课组的同心协力,我的磨课计划逐渐提上日程。印象最深刻的是我的最后一次磨课经历,那天,三班的最后一排坐满了来自各个学校的校长。三班是一个很腼腆的班级,每次上公开课,上来展示的总是那几个数学基础特别好的学生。而我,对这一现象,也已经习以为常。我也习惯性地认为,公开课嘛,孩子们容易紧张和怯场,平时展示能力弱的学生,肯定是不愿意在这样的"大场面"上发言和展示的,生怕自己展示得不好会丢脸。果然,不出我所料,三班的那节公开课,愿意上来展示的还是那几个"台柱子"。课后,我听到的最多的是对我这节课的肯定,以及对上来展示的孩子的表扬,甚至还有很多老师来问我培养学生展示能力的"秘诀"。收获了鲜花与掌声的我,就这样信心满满地踏上了我的武汉之行。

初次见面:担心焦虑

初到武汉,来接机的是对接学校的年级组长李老师,一路上,李老师都在和我聊我即将要上课的那个班的学生。他和我说,我上课的那个班级大部分的学生都非常听话,只有一个"捣蛋分子"小刘。从李老师的口中,我了解了小刘的爸爸妈妈是离异的,离异之后都不肯带着小刘,家中只有一个奶奶,小刘从小就和奶奶一起住,在小学就是出了名的调皮,到了初中更甚,欺负老师,把老师弄哭这些事他可没少干。但是小刘很喜欢数学,别的科目都是倒数,但唯独数学,虽然平时也不听课,数学课上也照样捣乱,但是每次数学考试都还过得去。我心里想着,这应该就是我们口中所说的"问题学生"。虽然问题很多,但是我却打心底心疼这个孩子,一路这么想着,便来到了对接学校。

这是我与802班的初次见面,怀着无比期待的心情,我推开了802班的教室门,迎接我的是41位孩子的笑脸,孩子嘛,总是对新事物感到期待和好奇,我很清楚,在他们眼中,我就是那个"新事物"。但是我一眼就注意到了最角落的那个男孩,他没有笑,只是呆呆地看着窗外,那天阳光很好,洒在他的脸上,却有数不尽的阴霾,我心里一沉,想到这应该就是传说中的"捣蛋分子"小刘,想着大概又是被哪个老师刚批评过。因为第二天上午就是公开课,我没做多想,就赶紧和孩子们介绍了自己,并进行了培训。与他们接触的过程中,我才知道,他们的合作课堂上得比较少,因为八年级课程进度紧张的关系,学生上台展示的机会也比较少。根据孩子们的推荐,我让几个数学基础比较好的学生上台试讲,但是效果却不尽如人意。大概是因为平时孩子们展示的机会少,很多孩子题目都能做得出来,但是不知道该如何表达,不知道如何当一个小老师。我心想,这可是基础好的孩子啊,如果他们都不能流畅地表达出来,那明天公开课可怎么办。

再遇挑战：心急如焚

就在这时,坐在角落的那个男孩子举起了手,说了句"我想上台展示",因为在车上听了太多关于他的"英雄事迹",我直接喊出了他的名字"哦? 刘××,你想上来试试吗?"大概是很惊讶我为什么知道他的名字,他的眼神马上就变得不一样了,我清楚地看到他的眼睛里闪过一丝光芒,不过马上暗淡下来,不屑的来了句:"你怎么会知道我名字?"我笑了笑,说道:"我听你们年级组长说,你是我们班上表现力最强的学生,所以我记住了你。"在我说完的同时,全班哄堂大笑,很明显,这样的笑声是不友好的,夹杂着更多的是嘲笑,甚至还有一些学生开始说:"老师,你是不是说错了,他可是我们班表现最差的同学"。我的本意是想趁这个机会鼓励一下小刘,没想到小刘在其他孩子们心里的形象已经根深蒂固。只看见小刘眼底泛起的最后一丝光芒,也在全班的笑声中,彻底暗了下去。

就在这时,李老师走进班级,和我解释了一番之后,告诉全班同学,由于场地的限制,明天报告厅很有可能只能摆下35套桌椅,这意味着很有可能明天只有35位同学可以上台参加这次展示课。这时候有部分同学马上坐正了身子,在他们脸上,洋溢着满满的自信,还有一小部分,大概是怕明天不能上台,脸上写满了失望,当然,小刘也不例外。这是我第一次发现,原来不仅仅是"好孩子"希望能够绽放自己的光芒,我们所谓的"后进生""问题学生""坏孩子",他们都希望能够上台展示自己,即使在台上他们扮演的角色是最边缘最角落并且默不作声的那一类,他们依然希望自己能够坐在台上。

同样的,作为老师,我也希望可以带上所有的孩子,毕竟这种大型的公开课,不论是对于我还是对于他们,都是很难得的机会,我不想给自己留遗憾,也不希望因为这次公开课,给那落单的7位同学留下失望与遗憾。但是场地问题是我不能控制的,就在我不知道该怎么办的时候,底下不知道是哪位同学提了自己的意见,说道:"老师,我们不记名投票选出不去的几位同学吧。"看似公平的选拔方式,但是我知道,一旦这个投票结果出来,会给那7位同学造成不可磨灭的伤害,孩子的心灵都是敏感且脆弱的,没有一个孩子应该承受这次投票结果。那位同学的话音刚落,小刘马上接道:"投什么票啊,我自愿退出,我本来也就不想上什么展示课,谁稀罕。"小刘说完后,马上有一小部分也立马跟上:"对对对,我也退出,我也不想上。"看着他们你一言我一语的,我突然泛起了一阵心酸,我明白,这些孩子想保护他们最后的自尊心,但他们心中,却比其他孩子更渴望、更期待这次上台的机会。

出现转机:多云转晴

我清了清嗓,示意大家安静,我心想,如果这些孩子真的最后不能上台,那我能不能给他们搭建一个属于他们的舞台,让他们也能绽放自己的光芒呢？于是,我问道:"你们看过刚刚主动报名退出的几位同学的展示吗?"全班齐刷刷地回答:"没有。"我接着问:"那你们看过刘××上来展示过吗?"下面七嘴八舌的议论开了,说的大多都是"他怎么可能会展示,他平常不捣乱就已经不错了"这种话,我想着,"小霸王"小刘换作平常,肯定早已经回怼回去了,今天大概也算是给我这个"外人"面子。我继续说:"那大家既然没看过刘××上来展示过,怎么知道他展示不好呢?"看着班里的声音渐渐小了下去,我继续补充:"我知道你们认识刘××已经很久了,他在你们眼里也许有很多的瑕疵,之前也犯过很多的小错误,但对于我来说,今天是我第一次认识他,在我眼里,他是第一个举起手愿意主动上来展示的同学,也是第一个在得知可能只有35位同学能够上台时愿意主动退出,把机会留给大家的同学,我发自内心地表示我很欣赏他。"我顿了一下,然后继续说:"刘同学说他愿意主动退出,这意味着他失去了明天和大家一起上台展示的机会,那么,今天大家愿意给他这个机会,做我们刘同学的观众,一起给他加油鼓劲,完成这次他的上台展示吗？还有刚刚主动报名退出的几位同学一样,我也一样,很期待你们的展示。"尽管我还是听到有些学生在小声地嘀咕,但很明显,大家表现得没有像刚刚一样抗拒,都乖乖地坐在座位上,等待小刘上台展示。

我再次对小刘说："听说你数学很好,我想听听这个题你有什么见解,可以吗,小刘老师?"这大概是第一次有老师肯定他,也第一次听到老师这样叫他,我可以看到他这次投来的眼神是充满感激的,阳光的笑容又重新回到了这个男孩的脸上。只见他拿上数学课本,一个箭步就走到讲台上,说:"这道题我认为可以从以下几个方面入手……"本来我只想借这个机会安慰这几个可能不能上台的学生,但是恰恰是小刘的展示给我带来了安慰,我没有想到这个年级组长口中的"问题学生",同学眼里的"捣蛋分子",竟然也有这样站在讲台上侃侃而谈的这一面。他站在讲台上,犹如一个小老师一般,思路清晰,声音响亮,自信大方,和刚刚那个在角落全身阴霾的男孩完全不一样。我感觉好像不认识他了,但是,我坚信,这才是真正的他,或许说,这才是他真正想呈现给大家的样子。只不过,因为家庭的原因,小刘已经遭受了太多异样的目光,所以他表现出来的不在乎、不屑都是他保护自己的一种方式。看着现在站在讲台上绽放光芒的男孩,我突然意识到,每个孩子都有属于自己的光芒,每个孩子,也都渴望绽放自己的光芒。小刘讲完,很多同学表现出来的是惊讶,也有几个孩子自发地开始鼓掌,最后,全班都开始鼓掌,掌声持续了很久。小刘冲我腼腆地一笑,便很快跑下了讲台,坐回到自己的座位上。

其他几个孩子看到小刘的表现,也都跃跃欲试,虽然时间不是很充裕,我也让他们都进行了展示,尽管很多孩子的基础不扎实,连题目都分析错了,但是我还是很欣慰,至少他们都战胜了自己,能够勇敢地站到讲台上。而这一次,每一次展示,都会伴随掌声,而小刘,成了每一次带头鼓掌的人。

毕加索曾说过,每个孩子都是天生的艺术家。这里,我想补充道,每个孩子都是天生的"表演家",他们的每一次登台,都渴望被认可。

精彩呈现:收获感动

看到孩子们一张张期待的脸庞,试问,谁又真的想成为落单的那一个呢? 与场地老师沟通后,我最后决定把所有的椅子都换成塑料凳,让位子放得尽量紧凑,7位学生共用6张桌子的方式,来呈现第二天的课。即使场地老师再三和我强调,这样的布置方式拍照效果很可能会不好,我还是倔强地想把42位同学都带上。

第二天的太阳亮得比往常早一些,我早早地来到报告厅,开始为一小时后的公开课做准备。802班的孩子们也到得很早,昨天举手说要退出的几个孩子显得尤为不安,他们一定以为,一小时后,自己就要坐在这个空荡荡的教室,看着自己的同学在报告厅中央发光发热。我将他们的小表情尽收眼底,说道:"昨天晚上我和报告厅老师沟通过了,我们全班42位同学一起上,就是到时候座位会比较挤,大家介意吗?"几乎是同时,我看到了全班42位同学咧开嘴开心的笑容,一致说着:"太好了! 不介意。"原本不合群的小刘也正咧着嘴朝我开心地笑着。

随着一声"上课",我正式开始了我的公开课,与以往不同的是,这次上课的展示学生,我叫了很多大家眼中的"后进生",甚至还把讲最难题的机会给了小刘。有了昨天的铺垫,孩子们的展示在我的意料之外,他们在台上落落大方,给台下的老师展现出了他们最好的面貌。特别是小刘,他给我带来了太多的惊喜,本来以为让他讲最难题会是一种冒险,但是此时此刻站在台上拿着话筒坚定自信讲着题的小刘,让我由衷地感动和佩服。

上完课回到刚刚的准备教室,"方老师,谢谢您!"42位同学整整齐齐地说着,我也向孩子们表示了感谢,带着不舍,和孩子们互道了再见。临走时,小刘给我塞了张纸条,纸条上面写着:"方老师,您是第一个表扬我的老师,今后我会好好学习数学的!"

武汉之行:感悟良多

苏霍姆林斯基曾说过,只有当每个少年从教育者那儿得到"活水",他们的才干才能发挥出来。回来的路上,我一直在琢磨"活水"二字,我希望我也可以把"活水"给到我的每一个孩子。

回校之后,我将"后进生"的名单做了整理,我开始去观察他们上课的一举一动,我的眼神会在他们身上多做停留,我会多给他们展示的机会。我开始每天都坚持找一个"问题学生"谈话,从他们的身上找到闪光点,并不断地肯定和鼓励。他们从一开始的在底下做小动作,就算被我看到也天不怕地不怕的"嚣张模样",到后来的我一个眼神他们就马上收起开始听课;从一开始的拒绝展示和回答问题,到后来慢慢地可以接受,甚至有几位"捣蛋分子"还愿意主动上来展示;从一开始的"满嘴跑火车",到后来愿意和我分享小秘密……改变在他们身上悄无声息地发生着。

"教育的艺术不在传授,而在鼓舞和唤醒。"北京大学校长蔡元培曾这样说道。我相信"坏孩子"身上之所以存在这样那样的问题,是因为他们正在用自己怪异的行为获得老师和伙伴的关注,他们期待着被外界肯定。如果他们用一把锁尘封了自己的光芒,那么,我希望我自己是开启他们的那把钥匙。

和"捣蛋鬼"的礼物交换

柯佳佳

中途接手谦君班班主任工作的时候,班上的一位男生是我心中的一块巨石。我在担任班级任课老师时,便从他的言行举止和他的事迹中,领略过他对班级摧枯拉朽般的影响。

他是班级的"麻烦制造者"和"垃圾生产机"

男生名叫哲一,始业教育时排在男生队伍最前列,瘦瘦小小。在教官发出"原地休息"指令时,一点儿都不引人注目,但是一旦教官发出"站军姿"指令,不出三分钟,他一定是全班最吸人眼球的那个——不是抖腿,就是掰手指,不是挠头,就是左顾右盼。教官一说他,他便向着教官的反方向四十五度抬起下巴,嘟嚷着嘴,斜视前方,一副不屑的样子;教官帮他纠正动作,不出五秒,他必定翻着白眼做回自己最舒服的动作,教官颇感无奈。

我当时还只是谦君班的英语老师,内心疑惑,这孩子怎么会这么控制不住自己又如此反叛? 和当时的班主任胡老师一聊,才得知他小学时便是班级的"捣蛋鬼"。他在小学六年级的时候,因为小矛盾把同班一位品学兼优的女生的耳膜戳破,鲜血直流,巧的是这位女生分班时差点又分到谦君班和他成为同学,女生家长慌忙和老师们说明情况,极力要求女生调到其他班级,调班成功后才松一口气。

开学一段时间后,他的更多问题渐渐暴露:常常管不住自己,不认真学习,课上心情好就自己看看课外书、做做手工,心情不好就伸手动嘴,影响旁边的同学学习,活脱脱的"麻烦制造者";他还是"垃圾生产机"——他的桌面摆满了木板、纸片、双面胶等等物品,他座位附近的地面上也总是有被风吹落的碎纸片、铅笔芯、双面胶带碎片等垃圾。不管我提醒多少次,他依旧我行我素,心情不好时甚至还当面顶撞我,氛围剑拔弩张,让我颇感头疼。

他也是颇有创造力的"小小手工家"

虽然哲一有这样那样的缺点,但是班上很多同学却很喜欢他,因为哲一常常将自己制作精美的手工作品送给他们,有时是纸片小人儿,有时是各种陶艺制品。借着深入了解哲一手工特长的这个话题,我联系了哲一妈妈进行了家访。"老师,哲一这孩子就是对自己没有自信,也不自律管不住自己。""老师,我在家也经常教育他,要听老师的话,要好好学习,可他就是不听。""老师,他平时就爱看课外书爱做手工。""老师,我们还是要多鼓励他让他有信心。"哲一妈妈急切地和我聊了很多哲一的情况和她的想法。

家访结束后,我回忆起曾在《正面管教》这本书中看到的观点:"当孩子出现不良行为时,我们应当先冷静下来梳理自己的情绪,想方设法走进孩子的内心世界,一个行为不当的孩子,是一个丧失信心的孩子。"哲一这孩子之所以反复出现不良行为,是不是因为当他试图获得归属感和价值感时,丧失了信心,选择了错误的做法呢?

我想,鼓励是改变孩子不良行为的最好办法,鼓励会消除孩子对不良行为的需要。但是针对哲一这样特殊的孩子,鼓励的话语需要足够真实并且真诚才能打动他的内心。既然他喜欢并且擅长做手工,那我便可以从他的手工天赋切入,对他进行鼓励。

一场特殊的谈话

一个阳光明媚的中午,我把他叫到教室外准备和他谈话。他一如既往不耐烦地皱了皱眉头,但是当我微笑着表扬他新学期在纪律方面有所进步后,他的眉头舒展开了。

氛围已到，我轻轻地说："你最近在做什么新的作品？我看到你的座位边上有你作品的碎屑哦。"

或许是听到我将他的手工称为作品，他有些不好意思。"没有啊，我就是在做送给同学们的折纸小人。"

我顺着他的话说："你的手工总是做得很棒，同学们收到你的作品都很开心。有没有想过以后要从事什么行业？"

他沉默良久，小声说："我也不知道，随便什么都可以吧，有可能开一间小店卖卖东西。"

我微笑着看着他："嗯，那以你的手工天赋，你可以售卖你的手工作品，你做得那么好，肯定有很多人愿意买。"

他不好意思地搓了搓手："也不一定吧。"

我拍了拍他的肩膀："老师相信肯定会的，因为你很优秀，要相信自己。"

他不知道怎么接话，沉默良久后还是只说了一句："或许吧。"

"但是你现在的手工制作水平还不成熟，还需要学习。你以后可以考虑向着手工这条路发展，但是想要把这条路走长走远，文化课也很重要，我想你也明白这点吧？"

他没有回答，自顾自地掰着手指。我们沉默了良久，我问："老师很羡慕其他同学可以收到你的手工小礼物，如果我也想要你的手工作品，你会送我什么？"

他没想到我会向他索要手工作品，听完浅浅笑了一下，犹豫了几秒，说："如果是你的话，那可以送个漂亮的陶艺。"

"好，那就一言为定！"

阳光洒在他稚嫩的脸上，我看着他的笑容，心想，原来总是剑拔弩张的谈话氛围，总算有所缓解。

相互交换的"礼物"

几天后的一个早读，他照例在早读铃声响起后匆匆进入教室。我走到他身边后,他从书包里掏出了一个陶制杯子,小声说:"老师,这是送给你的礼物。"这个陶艺杯子遍布着青色的精美花纹,很精致好看。"谢谢,很漂亮,我很喜欢!"他不好意思地笑了。那一整天,他没有做任何违反纪律、影响同学学习的事情,连桌面和地面都干干净净。

但是,第二天开始,他的行为就出现了反复,尤其是桌面和地面,重新开始遍布垃圾。当一次次简短的提醒不起作用后,我的怒气越攒越多。本想继续找他谈话勒令他整改,脑海中却浮现了曾经剑拔弩张的谈话气氛,我马上就冷静了下来。重复之前的谈话,没有作用,更是会损伤好不容易建立起来的师生感情。我看着办公室中的纸盒子,心中有了更好的处理办法。

几天后,我借口让他帮我来办公室取东西,将他带到了办公室。我给他指了指摆在我办公桌上的陶艺杯子:"哲一,你送给我的陶艺杯子我一直放在办公桌上,好几个老师看到了都问我是哪里来的,当我和他们说是班里的你送给我的之后,他们都表扬你做得很棒,羡慕我收到这样的礼物。我想,不能就你送我礼物,我也准备了一个小礼物想要送给你。"他露出惊讶的神情,看着我从办公桌下拿出了一个方方正正经过装饰的漂亮纸盒。"我看你最近生产的作品碎屑很多,多到无处安放了,这个小纸盒给你,你可以把你的工具和碎屑都收集到里面。"他有些不好意思地接过纸盒,点了点头。

后来,哲一的卫生情况越来越好,不仅垃圾几乎再也不出现在桌面或者地面上,连个人物品和书籍的摆放都更加整齐有序了。再后来,他开始慢慢改变不听课不做作业的习惯,开始背古诗了……

那个陶艺杯子一直收藏在我的办公桌上,那个纸盒也一直被他放在课桌下使用。这场我和"捣蛋鬼"的"礼物交换",让哲一真正地发生了改变,也让我意识到正面管教的力量:只要温和而坚定地进行教育,帮助孩子感受归属感和价值感,那再调皮的"捣蛋鬼",都能慢慢向着好的方向前进。

一只碗的故事

赵烨男

清晨的那一通电话，客气背后透着愠怒，昭示着又一新增的今日代办项。作为一名年轻班主任，刚接手班级接连发生的"事件"着实让我应接不暇。然而，我清楚明白，这是我的责任与义务，我必须全力以赴，包括这一"事件"。

轩然大波：校园霸凌？

这个电话来自一个刚转学来的新生 W 的父亲，他告诉我孩子中午盛汤的碗被打得歪歪扭扭，放在班级外面的餐桌上。W 并不清楚是谁干的，但是他的父亲委婉地表达他觉得这是一场校园霸凌的想法。放下电话，我久久不能平静，"十年树木，百年树人"，有很多时候育人远比教书更加重要，更加刻不容缓。所以我告诉自己一定一定要查清楚真相。

拨云见雾：希望降落

我趁着学生大课间，走进教室再次调查 W 的碗被破坏的事情经过，亲眼看到那只坑坑洼洼的小铁碗后，我板着脸回到教室，提醒学生凡是接触过这只碗的同学去门口等我，很快门口便出现了几个胆怯但诚实的身影，从这些学生口中我断断续续地了解到，这个碗被 W 落在了外面的饭桌上，值日生将这只碗随意放在了最后一组的桌子上，无人认领的碗被一群人传来传去，后来，Z看到了就在碗上画了画，力大无穷的H看到了就锤了几下碗，所以回到W手上的自然是坑坑洼洼的碗了。

风波又起：两败俱伤

我告诉他们事情的严重性，他们无论是对碗还是对人都缺少了尊重，并且希望参与这件事的学生去写检讨书并向W道歉，突然有一个学生倔强地昂着头，但眼泪却啪嗒啪嗒往下掉，说他并不知道碗是谁的，他没错。虽然经过沟通之后他愿意写了，但我知道他们并未意识到他们错在哪里，又或者说他并不赞同我的处理结果，那么即使他去做了也只是行为上的妥协，并不包括心理上的认同。而后我让Z和H先向W道歉，再自己通知家长赔偿，毕竟那只碗已被打得不成样子。然而意料之外的事情又一次发生了，H突然面红耳赤，不接受我的建议。

求师问药：一语中的

事情的处理迫在眉睫，而我却百思不得其解，我马上去请教了我经验丰富的师父，师父那天其实告诉我了很多受用的道理，印象最深刻的就是那句"学生的能力其实比我们想象的强，给孩子们多点发言权会更好"。的确，我们班学生的正义感是极强的，我应该相信他们，不如让学生们试着接过"大法官"的"法槌"，我来当一个在席下的普通听众，或许事情就能够迎刃而解了。慢慢地，下午的班会课一点点在我的脑中呈现。

柳暗花明：班会三步走

第一步：坦诚道歉

再三深呼吸后，我忐忑但强装淡定地走进班级，对同学们说："昨天发生了一件很特殊的事情,直到现在我仍然是迷迷糊糊的,不知从何下手,需要公平正义的你们告诉我到底发生了什么。"其实我说完这些话的时候,看到了原来低下头的学生们慢慢抬起了头,满脸惊讶地看着我,仿佛在讲老师竟然向我们道歉了,我心底的希望之火也慢慢燃了起来。

第二步:情境重现

刚开始的时候班级里静悄悄的,等了几秒终于有学生举起来手,A说:"昨天,我说我从办公室回来后就看见了碗,但我也不知道是谁放的……"B说:"是我放的,因为昨天我是值日生,我看见饭桌上的碗就拿进来了,因为A的桌子离门最近,我就放在那边了。"之后学生们纷纷举起了他们正义的手,教室里也有了此起彼伏的讨论声……就这样又经过了几个周转,这个碗就一直在班级里传来传去,而W刚好不在教室里,终于,H站了起来,他说:"我就是觉得好玩,然后一拳打了上去,就把这只碗放在G桌上了。"我看了一眼这只碗,疑惑地说:"如果你只打了一拳,那这只碗为什么是坑坑洼洼的呀?"H说:"我后来觉得这样不是很好,应该是哪个同学的饭碗,所以又把凹陷的地方打回去了,但还是恢复不了原样了。"此时的H声音越说越小,我默默地听完这一切,原来是这样啊,我酝酿了一会儿,而后缓缓地说:"我原来以为这会是一件校园恶性事件,现在才清楚地知道我们的班级是一个温暖的班级,我们的值日生非常尽职尽责,看见没有人认领的碗会放回教室,我还看到想要弥补自己的行为的H,但是虽然老师知道你只是玩玩这只碗,而且想要尽力弥补它,但是你还是对这只碗造成了一定的伤害,所以你应该怎么做呢?"H腼腆地走到W面前,说了声:"对不起。"H说:"没关系。"这时候,班级里想起了热烈的掌声,这是对W表示的热烈欢迎,是对H的真心鼓励,是对这件事情拨云见雾的欣喜。我事后替不善言辞的H向W解释道,H所有的行为是"对碗不对人",大家都非常喜欢善解人意的他,并表示同是新人的我希望和他共同进步。

第三步:自我教育

这次班会似乎是一个契机,就如现代作家、教育家叶圣陶所说的,教师之为教,不在全盘授予,而在相机诱导。我得重新和学生们理理思路,引导他们怎样做才能避免此类事情的发生。我说:"同学们,老师的心从早上开始就被这只碗牵动着,很多同学也因此受到了牵连,所以我们能从中学到些什么?"下面由刚开始的窸窸窣窣到后面的左顾右盼叽叽喳喳,然后还有代表站起来发言,他们还有模有样地列出了以下几点：一、看见没有主人的东西应该先在班级里大声询问，如果还没人认领就交给班长或者老师处理。二、应该珍惜并且尊重班级里的财物，不能随意破坏。三、要勇于承认自己的错误……诚实、勇敢、善良的孩子们给我上了一堂难忘的班会课！

班主任感悟：静待花开

这只碗的起承转折让人有点出乎意料，但好像一切又在情理之中，着急而疲惫的我希望在面对这一突发情况时，能立刻做出决策并付诸实施，然而孩子们有其特殊性，有时候他们无法阐述自己的详细看法，有时候他们因不被理解而一味抵抗。他们就像含苞待放的花骨朵儿，我们要做的并不是催促他们开放，我们要做的是守候在他们身边，多加赞美，用心倾听、学会宽容、懂得尊重，然后见证这些花骨朵变成五彩斑斓的花儿，并为他们的成长鼓掌喝彩。

1．多加赞美

卡耐基曾经说过，要改变人而不触犯或引起反感，那么请称赞他们最微小的进步，并称赞每个进步。的确，中学生处在一个非常特殊的年龄段，有着桀骜不驯的自信，有着非同一般的自尊心，他们喜欢被赞美，喜欢被表扬，鼓励式教育有着强大的力量，在这次事件的一开始，我在学生面前直接批评那些"捣乱"的学生，不分青红皂白地一通教育，不被理解的情绪愈演愈烈转化为逆反行为，我亲手将学生和我推向了对立的双方。所以在教学或者德育过程中应提倡多加赞美，无痕批评。首先，肯定学生的优点，其实在老师肯定学生的同时，学生也会肯定老师。其次，再进行无痕批评，很多时候，老师的苦口婆心不会被学生理解，只有把那些"逆耳忠言"换成"顺耳忠言"，有艺术地指出学生的错误，学生才更容易接纳，批评无痕，润物有声，于学生于老师都是一件美妙的事情。

2．用心倾听

就像长辈常常会凭借他们丰厚的人生经验进行主观臆断一样，我们作为教师，作为班主任也常常会被自己的人生经验所蒙蔽，我们经常拉着孩子的手步履匆匆向前，误以为这样就能让学生学到更多，在成长竞争的道路上击败更多"敌人"，却很少弯腰与学生齐视或者和学生齐膝坐下倾听孩子最本真的想法，殊不知长此以往对学生们的身心都会造成伤害。陶行知先生的"邀请式倾听"、苏格拉底的"产婆式倾听"、苏霍姆林斯基的"眼神倾听"无一不在诉说倾听在教育中的重要性。师生之间，倾听是一种平等而开放的交流。

3.学会宽容

中学生处在第二次生长发育高峰期，而心理具有过渡性、闭锁性、社会性和动荡性四个特点。这是一个身心发展不平衡的阶段，如此的不平衡增大了中学生犯错的可能性。对此，我们不应该吹毛求疵，小题大做，动辄严肃处理、批评教育。我们应该允许他们犯错，学会理解，学会宽容，就如在《宋史·范纯仁传》里纯仁说的那样："惟俭可以助廉，惟恕可以成德。"学生为什么会犯错，老师不是法官，我们只是学生的引路人，在学生走到岔路的时候给一些建议与指引。H他犯错了吗？他犯错了，他不该随便玩W的碗，他不应该不服气发火推倒教室里的桌子。但是当理智回笼，我站在他的立场能把所有的事理通，他玩性大才会去玩那只碗，他的沟通能力比较弱但是他感觉被误解所以他需要发泄，一切都是有缘由的。

4.懂得尊重

爱默森说过："教育成功的秘密在于尊重学生。"中学生需要被尊重，从马斯洛对人的需要层次研究来看，中学生们对衣食住行等的最基本需要已被满足，他们现在迫切追求的是被尊重、理解、关怀等更高层次的需求，我想要获得他们的认同感，就要给予他们更多的尊重与理解。一旦学生感到自己未被尊重，他们很有可能会与我们针锋相对，"破罐子破摔"，拒绝沟通。看似简单的事情会变得非常复杂。

一只碗的价值的确很小，但是我相信它给我和我的班级都带来了很大的影响，一个刚转入的新生因为它消除了融入陌生环境的慌张与不安，一个不善言辞的孩子得到了理解与宽容，一群活蹦乱跳的中学生和一个充满正义感的班主任又开始了一段新的旅程。

"小可爱"的大挑战

朱玉莲

小小问题

"老师,他还在食堂吃饭。"当我午休清点人数叫到小王时,同学们都会笑着说。时过一个半月,小王每一次的午休点到都是缺席,这引起了我的注意。早上到校、大课间进出教室、午餐午休、每次打扫卫生、晚餐晚自习、放学等等,我经常发现小王动作是最慢的一个,这行为习惯立马让我引起高度重视。

小王是我班里的"小可爱",性格活泼开朗,个子中等,体型较胖,学习成绩优异,大大的眼睛和脸蛋,十分可爱的一名男生,与同学相处融洽,永远抵抗不住对吃的诱惑,哪里有好吃的哪里就能看到他,且多次有组员反映其经常吃东西,卫生不及时打扫干净被扣分,每次出教室排队太慢被扣组分,等等一系列事情出现。针对以上问题,我多次找其进行谈话、间接指出其问题,开导其改正不良行为习惯,每次谈完后该生都诚恳地答应,并在当天都能做到很好,但是第二天却还是回到原样,没有一点点改进。

一次家访

某个周日我来到小王家,一进家门看到非常干净、整洁的客厅,东西摆放都井井有条。小王在书房写作业,跟小王妈妈进行沟通后我得知,小王自己的房间也是收拾得很干净很整齐的,就是在家中做事情非常慢,完成效率很低,完成质量还是不错的。妈妈说到每次早上起床要喊好几遍，小王才能慢慢爬起来；吃饭也是要吃到最后一个，完成光盘；家务活会帮忙一起完成，但完成过程中会进行磨叽，比如吃些东西、看一下电视等，没有高效率地去做完一件事，要怎样去改掉小王的这些不良习惯，这也成了家里人所苦恼的一件事。小王妈妈还说到，有次回家，孩子说起体育课跑步测试是最后一个跑完的，心里不太开心，孩子就嘴里嘀咕了一句想做体育委员。听了小王妈妈的一些话，我发现孩子自己也在想办法改变自己，因为孩子很爱吃东西，又控制不住不吃，知道自己体型庞大，体育成绩又不好，所以孩子自己想当体育委员试一试让自己改变，这让我进行了深度思考，也想通过这职务去试一下，看能否改变孩子。不管能不能行得通，孩子有努力在想法子改变，那么我也一定要尽最大的力去帮助他改变！

小小职务

通过与体育老师的沟通，我发现上次体育测试结束后的体育课中，小王就在课后找老师说过自己想当体育委员的事情，老师也跟小王进行沟通，再三询问，其非常肯定地回答老师想成为体育委员，因此老师说看小王后期一周体育课的表现情况再决定，也在班中让同学们一起监督、提醒小王，让他的体育成绩能有进步。后期体育老师也说小王在体育课上有在努力，同时也看到其有进步。正好我考察小王也有一周多的时间了，他的表现也不算差，跟体育老师商量后，我决定让小王试一下体育委员的职责。体育课上小王成功被老师宣布作为班中的体育委员，小王兴奋地来向我报告此事，并下了决心要改掉自身的那些不良行为习惯。同时我告知了小王体育委员在班中所需要做的一些事情，在升旗、上下午大课间、用餐期间、不在教室的课程、集体开会等一些需要在教室门口排队的场合，都需要体育委员第一时间组织大家进行集合、整队、清点人数，完成后还需体育委员带队到达指定地点，结束后又需体育委员集合、整队、清点人数，带回教室，并强调这些都是需要体育委员去带头的，小王很坚定地回答道："好的，我会记住的，我能带好的。"

我特意为当了一周体育委员的小王准备了一节"说说ta的优缺点"主题班会课，同学们都夸小王体育委员当得很好，每次需要教室外排队去上课的，小王都会第一时间喊大家出门排队，同时会在走廊上等候同学们集合，并整队好、清点好人数再出发；上下午大课间，都是体育委员带队跑操，那肯定是少不了小王的带队，每一次全力以赴带队跑完的他都是满头大汗；体育老师也说小王课上带队不错，跑步时速度、节奏控制很好，会调整队伍，要求落队的同学赶快跟上，做操时口令很响，还会提醒偷懒的同学，监督很到位，做各种练习时，会鼓励同学们，同时也会鼓励自己。有同学说小王吃饭速度有变快，有时吃完饭后，主动帮忙一起打扫餐桌卫生。还有同学说小王教室卫生打扫也变积极了，速度也变快了。虽然小王有时候打扫卫生还是会被扣分，吃饭还是最后一个，但是同学们都有看到小王在变化，在努力改变自己，这就是在进步。

总结思考

每个人的行为习惯都是不一样的，想要及时纠正在前期学习中的不足，需要时刻注意自己的个人行为习惯，才能不断改进和提升。小王通过一个体育委员的职责，起到了一个带头作用，不仅可以监督自己，同时也能监督大家，能改变其自身的不足点，也是需要其自身有这个意识去改变，才能做到有那么大的进步。

行为习惯的养成需要日积月累，是逐渐养成，不是与生俱来的。老师们要重视学生的行为习惯，根据学生的个性特征及其自身想法，从实际问题出发，有针对性地引导不同学生养成良好的行为习惯。学生养成良好的行为习惯，对他们的一生，甚至对整个人类社会的发展具有重大的意义。为培养高素质、跨时代的年轻人，应从学生时代就开始引导他们正确的行为习惯。良好的行为习惯养成是我们德育工作者一直以来所要向往的育人目标。

蹲下身来看学生

郑 洁

初中阶段,主课多,副课少,因此学生对音乐课的渴望是可想而知的。大多数学生都会带着一种喜悦兴奋的心情而来,他们大多想将自己一周以来所有的学习压力和烦恼都尽情宣泄在音乐课堂上。而满心想将知识奉献给学生的老师,却看到乱糟糟的场面,便很想将怒气都发泄到学生头上,并要求学生与上其他课一样必须做到安静,不能多讲一句话,学生甚至还会遭到训斥,难免对音乐课的学习泄气,甚至对音乐教师反感并捣乱。

记得几年前的一节音乐课,我们在学《青春舞曲》,这是七年级二单元中的一曲背唱,以它作为创造性活动的基础,创编演唱、演奏、舞蹈等形式,营造一个欢乐的气氛。在学会歌曲后,我和往常一样,让学生选择自己喜欢的伙伴,根据乐曲中的音乐形象一起进行创作表演。同学们表演得很好,我也融入他们当中尽情地发挥。同学们也为我的表演喝彩,为此我感到非常自豪。正当大家表演得非常尽性时,"倩涩涩"一道不和谐的声音传入了大家的耳膜。

"老师,陈建良在骂你。"有学生愤愤地喊道。陈建良是他们班最顽皮的学生,学习习惯较差,而且喜欢搞破坏,班主任向我提醒过他,平时的音乐课我都特别留意他。

我向发出声音的地方望去,只见陈建良正得意扬扬地昂着头,看着他的这种"德性"我十分恼火,想起"倩涩涩"这个"刺耳的侮辱"更加气急败坏。

此时教室里静悄悄的,所以目光全部集中在他的身上,有审视的,有担心的,还有幸灾乐祸、等着看热闹的。

该怎么办?

我的头脑飞速地运转着,寻找处理眼前被动局面的办法。我不断地提醒自己,发火是不明智的,短暂地镇静一下自己的情绪后,我再看他的神情挺像芭蕾剧里傲慢的王子的形象,于是灵机一动,微笑着对他说:"陈建良你是不是喜欢西方的公主,而不喜欢我们新疆的姑娘。"他以为我要批评他,昂着脑袋不吭声,眼睛却从眼皮底下偷偷地往我瞄,同学们都静静地注视着我们,看我怎么做。

我笑着对同学说:"看来新疆人们的热情都邀来了西方王子,你们还请了哪方人士来参加我们的音乐会呢?"同学们一愣,似乎有些不相信?

"还有西班牙国王。"有位大胆点的学生做着斗牛士的姿态冒出一句。

"讲得不错,国王舞姿威风,肯定能为我们的音乐添彩的!"我马上鼓励道。

"还有蔡依林,她的歌声最美!"又有学生接道,

"阿凡提,他会演奏冬不拉。"……越来越多的同学加入进来,学生的兴致上来了,他们依据往常的习惯,还操起乐器模拟五湖四海的艺术风格,结合进了原先的乐曲当中,再看陈建良也不再有刚才那种神情,他的神情已经转了180度,很明显他有些歉意。望着兴致勃勃的学生们,我突然有个感触:

这不是一个很好的二次创作吗? 这不是一个很好的艺术融合吗?

该给它改个名儿,叫《维也纳音乐会》了。

在第二堂音乐课上,我有意多叫陈建良起来回答一些难度适中的问题,一时答不上来,我就及时给予点拨,用肯定的眼光鼓励他大胆发言,稍有努力就叫全班同学为他鼓掌喝彩。看得出,那时他是多么的喜悦。自从那以后音乐课堂中那个"傲慢"的陈建良变样了! 课堂里偶尔有他的歌声了,小组活动有他的身影了,对我的表演他也不再说"情涩涩"。通过这件事,我感触颇大,我想自己在教学设计时是绝没有想到过,课堂会是这样的一个结尾。当然,这要归功于那位同学。设想,如果没有他给我的启示,我不会对学生提出那样的疑问;如果我没有对他宽容,而是严厉地责备,他肯定会有逆反情绪,恐怕从此对音乐课失去兴趣。正是对他的宽容与鼓励,让他在音乐课堂中找到自信,找到成功,在学习中得到肯定。

在音乐课堂教学中,"捣乱"现象屡有发生,如何处理它,是我们音乐教师必须思考的问题。每当这时,我都思考,如何"蹲下来看学生",如何让自己成为学生的朋友,了解学生,宽容学生! 你对学生宽容与理解,学生会以更大的积极进取回报老师。我们必须用新的教学思想和理念来指导。

用关爱转化偏差学生

陈　琳

作为老师,爱聪明懂事的孩子容易,而关爱暂时有偏差的学生则需要我们付出成倍的热忱与耐心。

记得接班的孩子中泽南就是一个常常会让人"哭笑不得"的孩子。接班以来,我发现每一件他的"不可思议事件",都是因为他没有规则意识,随性而动,常常满腔热忱地做着他认为的"对事"和"好事"。他其实很渴望被认同,被关注,所以才那么"积极努力"做着他认为能够获得"朋友"、获得"表扬"的事。因此,对他的关爱与适度包容,我和我的团队(科任教师)绝不是为了追求某种教育效果而装出来的"平易近人",而是一天天的转化与感染。

我发现与其向他"灌输"道理,还不如因"事"利导,让他发现自己身上的善良之处、高尚之处,帮助他树立"我是一个善良、有集体荣誉感的孩子"的道德自信,再通过引导让他明白自己的问题在哪里,及时纠正偏差。

因此,我经常在泽南"犯错"时,让他陈述自己为什么这样做,从他的陈述中,我和同学常常可以发现,他真的是认为那样做是"对的",没有坏心思,只不过没有场合意识。然后我心平气和地问他,达到自己想要的效果吗。他也会去思考,为什么他这样做了,却不能得到大家认可,并思考如何弥补和改正。

一次,晚餐时蔡同学因为参加鼎元班回来晚了,本来同组同学打算帮她打饭的,结果看到她回来了,就把饭盒给了蔡同学,泽南也看见了。但是蔡同学临时发现东西落教室了,又走了。等到回来打饭时发现她的那份荤菜没有了。原来是泽南见多了一份,他觉得浪费就在第二轮添菜时打走了。这下同学都指责他,他很委屈,就和同学吵了起来。我知道后,问了他为什么打走这份荤菜,他说不吃浪费,他以为是多的，他看到蔡同学回来了，他不知道她后来没打饭。这时指责他自私、多吃多占的同学们也不再说他了。于是我问他，在这件事上有没有方法可以避免这样的过失，他说应该打走前询问一下全班，或者是管理同学。最后，我问他，现在最需要解决什么问题。他说是蔡同学的晚餐。我问他怎么解决，他说他想让在学校附近上班爸爸的给她带一份晚餐来。在办公室给他爸爸电话时，泽南还很细心地提醒爸爸，蔡同学不吃辣。在他认为一切妥当处理好时，我追问了他一句："这过失是你造成的，但是解决弥补的人却是爸爸，这样合理吗？"他想了想，说不合理，爸爸没有错，但爸爸花钱花时间来弥补他的过失。于是我让他思考，如何自己承担自己的过失。最后他想出了，自己周末劳动来补偿给爸爸添的这次麻烦。后来，他也真的在这周周末打扫卫生，洗菜淘米，倒垃圾。还和爸爸说可以把给蔡同学买晚餐的钱从他零花钱里扣。他那一周也真的没有零花钱了。

这次事件后，他在班里做事也会想到同班同学的感受了。以前好心帮忙拖地，会兴奋到挥舞着拖把去清洗，让旁边同学躲闪不及。现在他知道拖把不能挥，那会弄脏旁边人衣服，即使偶有兴奋忘了，一举起就马上意识到不对，立刻放下。

我期末想帮郭同学背英语，就站在他旁读英语，带着他。但是泽南声音过响，影响前面张同学，一提醒，他也马上把声音变轻一些。虽然，他现在还是班里同学眼中冒冒失失的"陈三岁"，但是他已经让同学老师明白他真的很想成为一个为班级增光添彩的学生。一学期来，他从第一个月给班级扣分最多，到后来三个月都没有给班里扣一分。同学给班级扣分了，他会很着急，会赶紧告诉班长和老师，他很在乎班级了，就像他最在乎他的小组一样，一心想着要拿下冠军。

在家里，爸爸妈妈也说他开始知道对自己负责任了，自从上次蔡同学晚餐事件后，他竟然会和爸爸妈妈说对不起了。因为他明白了，自己从小到大，闯了那么多祸，害得爸爸妈妈一直向人家家长道歉，一直忙着为他的错去弥补。做他的爸爸妈妈比别人家的爸爸妈妈辛苦。

作为老师和班主任，我想我承担着传道、授业、解惑的责任。在这过程中享受着一种幸福——像农人培育、灌溉禾苗时的心境，看着孩子们，期待着未来他们的模样！

育人故事

蔡晶晶

一、当事人情况简述

学生小V是个非常努力和认真的女孩子,上进心也很强,无论是平时上课还是作业的完成,态度都可圈可点,并且在课后提问等环节都做得很到位。但小V有些困惑,为什么自己这么努力了,每一次考试的理科成绩还是不如那些平时看起来嘻嘻哈哈的男孩子?为什么每一次大考的时候都没有得到自己想要的成绩?到底要怎么做才能提升自己的成绩,是不是因为自己太笨了?

小V的困惑总结有如下几点:

①为什么努力的结果还比不上人家不努力的?

②为什么考试发挥不如平常?

③质疑自己是因为太笨而无法提升成绩,缺乏自信。

1. 分析原因,了解家庭情况

通过和小V的交流发现,小V的内心深处常常会否定自己,总觉得自己的理科思维不如别人,小时候经常听父母讲学好数理化走遍天下都不怕,也时常会听到别人说都是笨的人学不会理科才到了高中去选文科这样的传统且带有偏见的观念,因此在心底总是藏着一个觉得自己很笨这样的想法。

其次,每一次在考试的时候,看到熟悉的题目,明明平时都是会做的,甚至在考试前还刚刚复习到过相关的内容,却突然脑子会一片空白,想不起来,这个时候心情就很焦急,越急反而越回忆不起来。有过这样的数次经历之后,她会慢慢变得有点惧怕考试。

从小V的口中我也得知爸爸对她的要求很严格,看到数次考试的成绩不尽如人意偶尔也会抱怨她不聪明,脱口而出会说她怎么就那么笨,只能考这点分数。爸爸的无心之言对她的内心也造成了阴影,一个人的时候还偶尔会默默流泪,感到无助和迷茫。

2.老师和同学眼中的小V

在各科老师的眼中小V都称得上是一个乖孩子,学科上作业上从不用老师操心,字迹清晰,会自己学习,绝对有好学生的品质。的确在成绩上她可能并不是优等生,但一个好学生并不是仅仅用分数去衡量的,因此在老师的眼中,小V似乎对自己的要求过高,评价自己的标准过于单一才引起自己的焦虑。

在同学眼中,小V就是个拼命学习的学霸。同学们总是开玩笑的称她为"学霸",同学好意的称赞在小V听来反倒成了一种压力。简单来说,小V在老师和同学中的口碑都很好,是大家都喜欢的一个孩子。

在了解到小V的情况之后,笔者尝试了以下的一些方法和措施帮助她增强自信心,提升状态。

二、采取的方法与措施

1.每日鼓励法

笔者认为每次考试过后的谈心是远远不够的,起到的效果相当短暂,养成一个习惯还需要21天呢,于是笔者采取每天的一句鼓励。

这些鼓励我也通常不是在口头上进行的交流,有时候除了面对面的交流之外,背后默默的支持和鼓励似乎显得更有力量。因此,在每天批改完小V的作业之后,我会在她的作业本上写几句鼓励她的话,大致内容一般就是:不管她的作业的质量如何,都表示无条件相信她的能力;替她分析错误的原因;分析她可能存在的薄弱点等。在下一次的作业批改的时候,我能够看到小V旁边的回复:谢谢老师。

2.信件沟通法

在一次重要的模拟考过后,小V又没有取得她自己理想的结果,在上课的过程中我都时不时能看到她黯淡与失落的目光,甚至在为自己放弃保送而痛哭。作为老师的我看在眼里,想要帮助她更快地渡过这一个节点,于是,我选择写了一封长长的信给她。信中我写道:"首先就要肯定你为了自己的理想、为了自己的未来,有放弃眼前舒服但不满意的捷径的勇气,你是最勇敢的女孩,这样的勇敢未来一定会带给你意想不到的成就。而保送都有勇气放弃的你怎么会惧怕一次次小小的考试呢,中考作为人生当中遇到的第一个关卡,就把它当作一次难得的经历,老师相信你一定会在最后一次考试中取得自己想要的成绩……"

这封信不经意间被班里的其他的同学看到了,其他的学生都纷纷来向我索取鼓励,由此可见每个学生其实都很渴望老师对他们的鼓励与肯定,老师一句无心的话可能在他们的心里就有了巨大的力量,最后我给班上的每位同学都写了类似的一封鼓励信,希望能帮助他们更加昂首挺胸地走进中考的考场。

3. **课堂关注法**

此前小V向我透露过,有时候老师叫她起来回答问题,她一时答不上来觉得很丢脸,更加没有信心举手回答问题了。根据这个问题,我特意挑一些小V一定能够回答出来的问题让她来解答,通过在全班同学面前的表现让她肯定自己。

4. **学习指导法**

小V的困惑还在于为什么自己努力了反而还不如别人,为什么总是提高不了自己。这一点上,我首先是指出小V的错误认识,自己是在努力,别人一样在努力,不能光看到别的同学嬉笑的一面,举例和她说明班里的某某同学照样每天晚上都自己复习知识到很晚,减缓小V心中的不平感。再是针对小V难以提升这一点,从她作业和考试中暴露出来的薄弱点出发,学生通常看到的只是自己扣了多少分,不去分析背后的原因,因此帮忙小V分析和找出知识漏洞显得极为重要。最后再引导小V,考试时在规定的时间内在高度紧张的状态下完成的一次测验,所以考试成绩如果和平时有所出入也是一个很正常的情况,我们能做的就是在平时反复训练,以做到熟练应对考试。

5. **归因训练法**

小V面对失败首先找的原因都是自身能力的不足,将失败的归因于自身能力问题,这样的归因会使得小V越来越否定自己的能力。根据心理学家韦德提出的归因理论,面对这一类学生应该帮助学生将失败归因于外界因素,比如可以归因于运气、人都难度等,这样就可以避免对下次任务的失败期待。

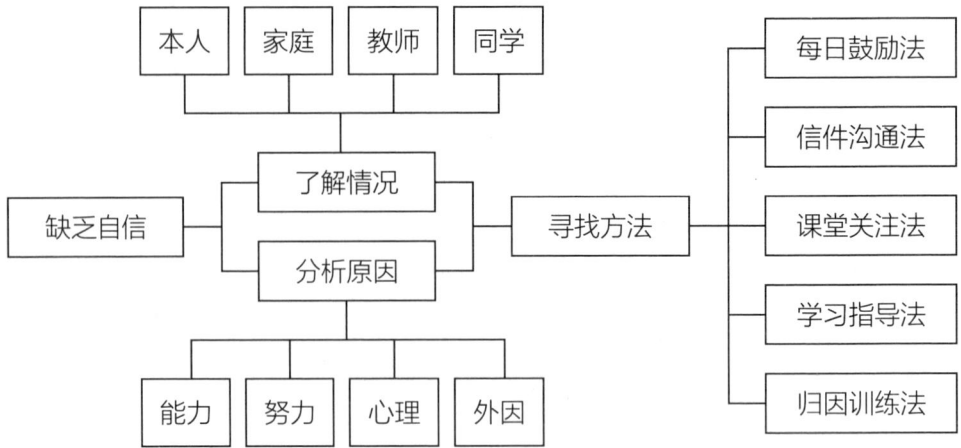

图1 五方法

一片真诚一句关爱一份信任

王武斌

　　记得我最初参加工作的时候,曾以自己从事太阳底下最光辉的事业而深感骄傲。十多年来,几经调转,诚然其中有过生活的波折、落寞的辛酸,但为师的热情还在。从一名数学老师,到担任班主任工作,我都以一个虔诚的教育者的身份在孩子们的心灵中播种阳光。

　　和大家分享我的一个教育故事:故事的主人公叫李想,这是我第一届当班主任时的一名学生,我对他清晰的印象就是他很清瘦和白皙,但活泼好动,性格外向,对一切充满新鲜、好奇。课堂上听讲时经常搞一些小动作,虽然经常提醒,但让他端端正正地坐着听一节课很难。我发现他很容易受到外界事物的干扰,上课听讲时,外面发生的事,很快吸引了他的注意力。他对于学校的各项纪律不以为然,犯错误的现象也屡见不鲜。他经常与别的同学打架,班上很多同学被他打过。当你问他为什么打别人,他一脸的茫然,使劲摇头回答:"不为什么。"应对老师的批评教育能理解,但屡教不改,真是一个令人头疼的孩子。于是这个孩子在我心目中就留下了顽皮爱捣蛋惹事的坏印象。但就是这样的一个孩子,却给我了为师者最大的快乐,让我尝到了教育教学工作的幸福。

　　那是一次七年级期中考试,我拿着学生考场分配名单,到各考场去巡视。等我到了一个考场时,就看到李想正在那里鼓捣。"咦,怎么回事?"抄袭,这两个字赫然闪现在我的脑海中。这可是我在班级三令五申的事情,严禁抄袭!

　　"拿出来!"我快步走到他跟前,用低沉的声音说道。

　　"我……"他的眼睛里充满了委屈,原本十分白皙的脸霎时通红。"别想狡辩,快拿出来。"我极力控制着自己的愤怒。

"老师,我没抄。就是刚才鼻子出血,借面巾纸擦擦……"他边说,边把一团纸伸向我。

"撒谎!"我根本没看那团纸,直接把手伸向桌堂,桌堂里真的什么也没有。奇怪,我心里犯起了嘀咕!

"你先坐下,等考完回去再说。"我冷言一句,随后出了考场。漫长的数学考试终于结束了,同学们纷纷走出校园,而李想则出现在了我的办公室的门口。他似乎刚哭过,脸上还有泪痕。

突然间,我内心涌起了一丝惶惑:或许是我错怪了他?

"回去吧,李想。"我的语调不冷不热,我都奇怪自己的平静。"嗯?"他满脸惊讶,一时手足无措起来。

两天的期中考试结束,期中成绩下发了,李想的数学成绩依旧平平,可能数学考试他真的没抄,我下意识地开始淡忘这件事,同时也希望他能把这件事封存。

照常上课、玩耍、疯闹,李想一如既往。下一次月考来临,李想以总分514分的成绩位列班级16名! 哇,奇迹! 他成为班级学生和老师的热门话题。

"怎么回事?"

"上次那件事,我很委屈。当时您很生气,本来我等着你的大发雷霆和家长的训斥,可是后来您没来找我。我很开心,知道您信任我,我就开始学习了,晚上学到10点钟呢!"这是我头一次和李想长时间的交流,看得出他真的很开心。他一面说话,一面手中捏着矿泉水瓶。多么活泼可爱的孩子! 蹦蹦跳跳地,他闪出了我的视线,可是我却不再平静,心头霎时负上一种重压。

是啊,我做了什么? 我怀疑他、怒斥他,他竟然没有怨恨;我言语冷漠,他竟然如获珍宝……我还能怎样? 我不会再吝啬我的和善和耐心,倾听孩子们的心声,信任他们。

之后的一年中,我的态度改变了:会温柔地询问,会面带笑容地讲话,会冷静细心地观察,会耐心等待孩子们的成长……诚然从中我也收获了快乐,收获了被孩子们包围的幸福。那个曾在中学被认为无能的男孩也顺利考上了全日制高中。

都说"眼见为实",可我亲眼所见,还是错怪了学生,这是深刻的教训,因为孩子的心是稚嫩的,一旦你伤害了他,就不容易愈合,我们作为教师在批评学生之前一定要好好想想,事情弄明白了吗? 千万不能草率地去判断、处理。如果学生和你产生了对立情绪,那么我们的教学就更难进行了。从学生的角度看,这是个顽皮的孩子,而且他的调皮捣蛋是班级中学生和老师所公认的。他在这个班集体中给大家留下的印象已经定型了,一旦有不好的事情,大家的目光首先会集中他身上,这就是平时学生本身的不良习惯和不良行为所造成的。从教师角度看,教师有时会受定势思维的影响,会认为顽皮的男同学迟到就是因为贪玩,这已经成为一种必然,仿佛不需要任何根据就可以判断的。因此班主任在没有调查清楚事情时就主观武断地下结论,是造成这起本可以避免的"冤案"的原因之二。从批评艺术角度看,班主任选择在全班面前严厉地批评学生,显然有悖于班主任的处事原则,没有考虑到学生的自尊。因此,学生会觉得更加委屈,以至于班主任道歉之后他都觉得无法接受而不理班主任。

如果再遇到这样的事件,我想这样处理会更好:(在我已经判下"冤案"的前提下)首先,我会真诚地向男孩子道歉,然后可以利用晨会时间就这件事情做自我反省,并由此推广开来,对全班学生进行教育。一是在没有弄明白事情发生的缘由时不要武断下结论,以免给别人造成伤害;二是不要总戴着有色眼镜看人,要善于发现别人的闪光点,善于向别人学习。

高尔基说过:"谁不爱孩子,孩子就不爱他,只有爱孩子的人,才能教育孩子。"在同龄人中,我没有靓丽的外表和时尚的服饰,但我是学生眼里最帅气的老师;我不想苍白空洞地说我为教育事业做了些什么,但我敢说我十多年来是一步一个脚印,以我的满腔热情无微不至地关爱我的学生。正是由于这份真诚的、真挚的、无私的、深沉的爱,我教的孩子能快乐成长,我的教师生涯也充满阳光和快乐。再多的辛苦劳累在孩子们纯真的笑容之下烟消云散,无影无踪!我喜欢这样一首小诗:"有一首歌最为动人/那就是师德/有一种人生最为美丽/那就是教师/有一种风景最为隽永/那就是师魂/不要说我们一无所有/我们拥有同一颗火热的太阳/我们拥有同一片广博的天空/在同一片天空下/我们用爱撒播着希望……"当初,我把它工工整整地抄在我日记本扉页上的时候,"用爱撒播希望,用真诚对待学生"便成了我无言的承诺。

一句很简单的话语,真的能够影响一个人的一生吗?回答是肯定的,因为它包含着浓浓的师爱。马尔克姆·戴尔凯夫是一位职业作家,他小时候是个很胆小害羞的孩子,没有信心,没有朋友。但是,老师布劳斯太太的一句评语彻底改变了他的人生。在一次作文中,老师给他的评语他永远都忘不了——"写得很好!"这句话极大地鼓舞了他的自信,让他看到了自己的潜力,找到了自己前进的方向! 从此,他开始了自己成功而又充实的一生,并且也热情地鼓舞自己身边的同事、朋友。"在我读到这四个字之前,我一直不知道我自己是谁,也不知道将来我能做什么,"戴尔凯夫说,"直到读了布劳斯太太的评语,我才找到了信心。那天回到家后,我又写了一则小故事,这是我一直梦想着去做却不相信自己能做到的事情。"之后,在读书的业余时间,他又写了许多小故事,每一次他都把自己的作品带到学校,交给布劳斯太太。而布劳斯老师对这些稚嫩的作品则给予了鼓舞人心的、严肃而又真诚的评价。"她所做的一切恰恰是当时的我所需要的。"戴尔凯夫说。

精神的力量是无穷的! 虽然没有人能左右我们的命运,但是老师、朋友的一句重要的话语有时就如同人生的一颗启明星,温暖我们心灵的港湾,照亮我们前行的路程。优秀的教师就是一团火、一座丰碑,能给人以示范,给人以热情,给人以动力!

一分耕耘,一分收获,只有辛苦付出,才会微笑收获。作为教育者我们要把心头最灿烂的阳光播撒,那些孩子们哪怕只有一米阳光的照耀,他们就会把无限的绿色展现在我们面前。在这个崭新的春天,我会带着阳光、携着春风继续前行,用尊重和爱心去浇灌每一株幼苗,能够这样,我亦幸甚!

用爱温暖学生的心

宋 怡

一、背 景

随着社会主义市场经济的发展和城镇化建设步伐的加快,农村富余劳动力向城镇转移以及农民要增加收入已成必然,便催生出了"留守儿童"这一非凡弱势群体。他们在缺少父母的关爱、引导和教育的情况下,面临着许多学习、家庭、社会和心理等方面的问题,这就给我们老师带来了新的问题和新的挑战。对这些留守儿童的教育,需要我们老师倾注更多的爱。

班主任工作每天甚至每时每分都要开展,其核心内容就是德育工作。就我个人而言,班主任对学生的教育方法千变万化都离不开对学生的关爱这一法宝。我们知道,教师对每一个学生的爱就是"师爱"。师爱是每个教师必须具备的一种优良的道德品质,它可以使学生在逆境中得到安慰,克服困难,增强信心;在顺境中更加奋发,不骄不躁,永远向前。然而现实的教育不容乐观,一部分教师虽然也爱学生,但学生却从未真正感受到教师的爱。原因何在? 首先,我认为每个学生都是有思想、有感情、有个性的活生生的人,需要我们的教师能很好地了解,尽管从表面上看,学生间似乎差别不大,但实际上,每个学生都有自己独特的与众不同的一面,都是一个独特的生命个体。因此,如果不了解学生就不可能有对学生真正的爱,教育与学生的感情要求就会背道而驰,更谈不上有的放矢、有着见效。其次,就是学生是我们教师工作的对象,是教师工作意义及人生价值的直接体现,对学生的关心和了解是做好教育工作的前提,对学生的同情和理解则是一种理智的爱,是建立良好师生关系的基石,是做好教育工作的关键所在。

以下是我就班上的一名"留守学生"的成长案例。

二、案 例

学生基本情况:

孙同学,男,17岁。

家庭成员:

爸爸,妈妈,外婆和上职高的哥哥。

家庭状况:

老家富阳人,孩子的父母在转塘开店,爸爸进货妈妈经营,由于离家很远,妈妈很少回家,基本平时都住店里,爸爸进货开车,晚上会开车回家,但一般都在凌晨后了。暑期家访时也只有爸爸和外婆在家,外婆年纪较大,身体不太好。哥哥是我的上一届学生,成绩也不太好,现就读于江干职高,每日回家后会经常玩手机,其生活和学习状态对弟弟影响很大。孩子的学习几乎无人监管,晚饭经常是哥哥放学后烧饭解决,算是大半个留守儿童了。

个性特征:

孙同学比班上其他同学的年龄都大,早熟、贪玩、自控能力差、意志力脆弱、逆反心理强、自信心差。上课不太爱听讲,经常出小差,要么呆呆地坐着,要么自己做小动作,很少参与课堂的任何活动。下课老是跟同学们吵闹、喧哗,或是追逐打闹。

典型事件:

事件一

开学初,孙同学做作业总是拖拖拉拉,我一开始就是用软的,比如和他讲道理,让他明白作业对于学习的重要性,可是他当面都保证一定改正,下次一定做完,可是到了下次,依旧不写,哪怕当天的作业只有三道题,他也不会去翻开作业本写作业。软的不行,来硬的吧。我对他罚写、批评,但是成效也不大。

前一段时间我早上刚一到办公室,大约到了要上课的前两分钟,我们班的课代表拿着一叠本子来到我身边,她交过本子后说:"老师,我们班的孙同学没有交本子,我也不知道他有没有做。"我随口说:"好的,我知道了,你把他叫到我这儿来。"接下来是我们师生的一段对话。

师:把你的作业本拿给老师看看。

生:我忘记在家里了。

师:那你完成了吗?

生:我已经做好了。

师:那我们打个电话请你妈妈送过来吧。

生:家里没人。

师:到底做了没有?

生:没有做。

师:那你刚才怎么说忘在家里呢?

(生低着头不敢出声)

师:(严厉地说)你为什么不做作业?

生:我忘记了。

师:那你爸妈没有检查你的作业吗?

生:我爸到家的时候我早睡了,每天都是凌晨一两点回来的。

师:(生气地说)可是学习是你自己的事啊,我是要你放学回家先完成作业,其他同学都能够做完,就你要到睡觉时间才做。开学这么久都是这样,你以后按时完成作业……

后来我跟他爸爸进行了联系,下面是我和他爸爸的一段对话。

师:您知道您的孩子昨天没有写作业吗?

家长:我这段时间工作比较忙,没有关注。老师对不起,我这两天尽量早点回家。

师:现在孩子已经上初中了,处于成长中的关键时期,家里老是没人监管可不行啊,毕竟还是孩子,自律性肯定不高的。

家长:我知道了,以后我会留意了,监督孩子完成作业。

这样的对话时常发生,无论是与家长的还是与孩子的,包括任课老师也经常费心费力地与家长沟通,给家长建议,班主任和任课老师一起也给家长开过会,一起想办法,可惜成效不大。

事件二

周三下午,我在办公室备课,小孙同学突然跑来办公室,眼泪汪汪地讲述刚刚发生的事情。

生:老师,周同学作为值日组长,看到张同学上课讲话,没有问缘由,下课的时候就罚他做50个深蹲,您觉得这是不是霸王条例?

师:那为什么课堂上要随意讲话呢?

生:老师,这是有原因的。(激动地讲述事情的经过)

师:好的,我知道了。周同学虽然是值日组长,但是不能够不问缘由就滥用职权,我会去处理这件事的,你放心,先稳定情绪回去上课吧。

其实孙讲述的是组员之间经常发生的事情,我早已见怪不怪。但是让我很诧异的是这是我第一次看到孙同学很激动,一米七五的大男孩居然流泪了,这说明他真的很在乎某件事。他很在乎好朋友张同学有没有受欺负,有没有受到公平对待,甚至超过在乎自己的成绩和表现。

当天我找了张同学和周同学,妥善地处理了这件事。第二天,孙同学居然把作业交齐了,课堂上,他的面前也放好本学科的书,认真听课了。从各个方面可以看出,孙同学有了明显的进步,我真是又诧异又开心。

三、案例分析

作为班主任,开学初每天接到孙同学犯错的报告是经常的事,比如上课不守纪律,课后抄袭作业。我经常找他谈话,耐心地批评教育,然而却成效不大。其实他身上的这些问题来源于多方面。

1. 缺少家庭的关爱

虽然孙同学在城市上学,但是这孩子是一名留守儿童,他非常缺乏家庭的关爱。每天早上,无论春夏秋冬,他都是自己骑自行车上学,这段时间天气很冷,有好几次我看到他一手骑着车一手啃着包子,着实心疼,但是作为老师也只能告知他骑车要注意安全。放学后,其他孩子都有家人接送,孙同学只能自己坐公交车回家,学校门口的公交车其实蛮难等的,有时候到家就很晚了。

2. 监护人监督不当

孙同学的父亲和母亲都在为生活奔波,家里就剩下他年迈的外婆和只顾玩手机的哥哥。外婆年迈,行动不便,话说多了觉得啰唆;爸妈工作繁忙,几乎不关心或者说没时间关心孩子的学习情况,老师们找家长反映情况,家长也只是口头迎合,并无实际行动;学校老师不了解情况,缺乏沟通交流,使其产生厌学、抵触情绪等等。随着时间的推移,他们都无力监护,什么事只能依着孩子,导致他从小缺少教育,无拘无束,自以为是,高兴就学习,不高兴就尽情玩。

经过以上分析,可以发现要解决孙同学的学习问题,归根结底要先解决家庭环境的问题,然而这一定需要家长的配合。如果家庭环境不改变,老师们只能降低对该孩子的期望值,保证他在校不影响其他同学学习,自己能遵守班规和校规,同时在班级事务方面贡献自己的一份力即可。

男孩子从小讲义气,从以上两件事情看出,有时候学生不服管教或者不听劝告,是因为没有认可劝告人。由于妥善处理了张和周的矛盾,我在孙同学心中留下了威望,孙同学把班主任的要求记在了心中,并尽力做好。所以说,对于后进生,老师还是要正确定位,调整要求,看到优点,收心很重要。

四、反　思

1. 与家长联系,尽量减轻孩子的家务负担,给孩子多一份学习的空间。我曾与其家长多次电话联系,说明具体情况,并劝家长尽最大的努力不要将过多家务活留给孩子周末去做,减轻他的负担。让孩子平时在学校可以安心学习,不至于刚到学校,心里却想着周末给家里要做这做那的。如若不改变这种现状,他的心里老是不安,容易多虑、发怒,既不能安心学习,还老是出现违规违纪行为,导致别的同学不能很好地学习。

2. 给孩子更多的关怀与爱护。多询问他的衣食住行及学习情况,让孩子感受到父母不仅关心他的身体健康，更关心他们的学习，希望他将来能成才，能有出息。

3. 针对孙同学等留守儿童学习成绩普遍偏低的现状，作为班主任的我，与科任老师及时沟通，希望老师平时给予这几个孩子更多的人文关怀和耐心辅导。课堂上老师优先鼓励孙同学勇于回答问题，即使回答不了问题也不做批评，而要挖掘其亮点来肯定，逐渐培养了他们的自信心，使这些孩子们重新找回了信心，获得了成功的喜悦，这种成就感促使他们不断得到发展。

4. 利用集体的力量影响他，使其养成良好的行为习惯。他推同桌，我告诉他，他的行为影响了同桌听讲，他拍别人的头，我告诉他这是不礼貌的行为。应该与同学团结友好地相处，同时我也让全班同学都关心他，安排最好的学生与他同坐，一有进步就表扬，使他对自己有自信心，使他在大家的善意帮助下，在众多的榜样示范下，逐步向好的方面发展。

5. 发挥孩子的长处。经过多次观察，我发现孩子劳动特别积极，而且有责任心，于是，我就安排孙同学当督查员。一开始，有些孩子对此表现出不情愿，于是我苦口婆心、费尽心思地进行了思想教育，同时鼓励孙同学，并在全班对他进行表扬，让全班同学都看见这个孩子的优点，其他同学也就不再不情愿了，并且愿意他与交朋友，配合他做好班级管理工作。

功夫不负有心人。在老师、家长及该生的共同努力下，他上课时能坐得住了，他对周围人和事的态度慢慢变了，他以管理班级为己任，处处为班级着想，事事为班级争光。他的转变不但去了班级的一颗毒瘤，而且在他参与班级管理后，不再有生事捣乱的学生了，使这个班集体凝聚力强、学习氛围浓厚。

虽然他的成绩进步并不是很大，但我看到了他的进步。他每项作业在尽力完成，课堂上对自己会的题目也会举手发言，这一切对他来说无疑是一个质的飞跃。我希望三年初中生活能培养他的管理能力，改变他的思想认识，使他体验到学习的自信和成就感，能够树立正确的人生观、价值观，相信他今后的人生将会更加阳光灿烂！

五、思　考

　　教师工作是一种职业,面对千差万别的教育对象,教师的影响力只是家庭、社会、孩子成长经历、个人素养、心理健康等诸多因素中的一个,这也注定了教育的结果不可能全部如教师所愿。对于一些特殊学生,老师花的时间精力往往会更多,但孩子发展的结果仍可能成为老师一生的痛。"没有教不好的学生"我想应该是教师努力工作的动力,不抛弃不放弃应该是教师的工作态度,有时结果不一定完全代表教师的工作成绩。

　　教师能力是在不断挑战中逐步提高的。遇到这样的特殊学生,完全可以把他们当"研究生"来看待,他们是我研究的对象,是我作为班主任经验不断提高的载体,是宝贵的资源。还有就是要善于发现孩子身上的闪光点,相信他们同样在某些方面是出彩的。另外要坚信教育的作用,面对特殊的孩子,也总有能够打开他们内心的钥匙,即使一时没有看到成效,或许只是我们缺少方法,缺少耐心,也或许他们花开的季节还没有来到。

第五篇章　带班方略

小皮猴成长守则

李 妍

"李老师好！"我寻着响亮清脆的童音，转头看向教室门口，看到了一双溢满了快乐的圆滚滚的大眼睛，两颗咧嘴露出的硕大洁白的门牙。一只活泼可爱的小猴子，是我对冉冉的第一印象。

然而，这种印象很快就发生了改变。"李老师，冉冉逮了一只蚂蚱，还把它养在了教室里。""李老师，今天数学课冉冉溜到操场上去拔草了。""李老师，今天冉冉没有洗手就跑去盛饭了……"刚一开学，我的耳边就被各种投诉萦绕，如何"对付"这只毫无章法的皮猴子，我开始动起了脑筋。

第一招：声东击西

"对付"小皮猴的第一招，就是帮助他认识规则。开学家访的时候，我了解到冉冉从小学习钢琴，不禁心生一计。这天，我邀请冉冉来到音乐教室，并神秘兮兮地塞给他三张纸条。"打开看看。"这果然引起了他的好奇心。他打开第一张纸条，上面是一串数字：15165564342312，冉冉疑惑地看向我。

"你看到了什么？"我问。

"一些数字。"他迟疑地回答道。

"能记下来吗？"我问道。冉冉摇了摇头。

"打开第二张看看。"

上面也是一串数字：11556654433221。

"这次呢?"

"还是一串数字,但这次的数字很有规律,是11556654433221。"冉冉的眼神里显然多了几分自信。

他继续打开第三张,里面是一段简谱:│11│55│66│5-│44│33│22│1-│。

"是《小星星》,我会弹!"冉冉激动地喊了出来。

"那就弹来听听。"我笑着说。冉冉坐在钢琴前,弹奏了一整首完整的曲子,我们都沉浸其中。

"其实,这三组数字本身都是由完全相同的数字组成的,不同的只是每次多了一条排列的规则。比如,我们要按数字的大小排列,这就是一项规则。正是由于多了规则,才让这些数字从杂乱走向有序,从有序走向优美。可见,规则也是一种美,一种节奏之美。"

那天,我难得地看到了小皮猴安静地坐在椅子上,大大的眼睛里终于有了思考的神情。紧接着,我便派给了他一个任务,去搜集班级生活中有哪些规则。

第二招:草船借"箭"

冉冉的搜集工作还没开展多久,班级里对他的投诉就接踵而至。看来,要想让他尽快熟悉和遵守规则,必须得用点"见效药"。于是,我又拿出了第二招——草船借"箭",巧借外援,共促冉冉规则的养成。

1. 借"箭"家长,制定"成长守则"

在与家长的沟通中我了解到,一方面,冉冉平常由奶奶来带,父母忙于工作,对孩子疏于教导;另一方面,妈妈过去奉行自然无为的教育,担心过多要求会扼杀孩子的天性和创造力。了解了冉冉开学以来的表现,妈妈也感受到了危机。通过持续的沟通,我逐渐帮助妈妈纠正了教育理念的偏差,并建议父母和冉冉一起制定一份"成长守则",从生活、学习、言行、健康、交往五个方面记录冉冉需要遵守的规则,每周一个需重点养成的好习惯。这份"成长守则"由老师、父母和冉冉三方作为评价者,分工负责评价冉冉在学校和家庭的表现,每日一评,三方都打星,即可获得一颗宝石,可以实现在班级或家庭中的愿望。

2．借"箭"学生，以"箭"为"鉴"

通过观察我发现，冉冉一直对班级每周票选的"彬彬有礼小学生"的荣誉情有独钟。一次，他问我："老师，大家为什么都不爱投票给我？"我想，教育的契机这不就来了？我选了一位他投票支持过的彬彬有礼小学生问他："你为什么要投平平？""因为她学习好，上课认真听讲，发言也很积极。""那如果让你在自己和平平当中选一个投票，你会投给谁？""平平……"冉冉拖长的声音不是犹豫该作何选择，而是恍然大悟后的思索。借此，我同他分享了草船借箭的故事，鼓励他制定自己的草船借"鉴"计划。首先，找借"鉴"对象，选择在某一方面他认为做得最好的一位"彬彬有礼小学生"；第二步，思借"鉴"对比，找到借鉴对象后，将其在该方面的优点与自己进行比较，发现自己的不足；第三步，定借"鉴"路线图，思考学习对方做法的方法，并付诸行动。心里揣着"彬彬有礼小学生"的目标，冉冉很乐意地去做了。

3．借"箭"任课老师，巧用"夸夸信"

一年级开始，我常通过纸条给学生写一些称赞的话语，时间长了，学生间便有了夸夸信的说法。借此，我与各科老师沟通，通过夸夸信给冉冉写一些针对他课堂表现、行为习惯等方面建议或者鼓励的话语，慢慢教给他如何做一名合格的小学生。这给了冉冉充分的心理安全感，使他乐于接受并欣然改进。

第三招：加"官"晋"诀"

经过多方合力，冉冉的规则意识逐渐养成，但新的问题又产生了。这天眼操时间，班长气呼呼地跑来向我哭诉："李老师，冉冉管不了啦！"小皮猴要打回原形了？我心里犯起嘀咕，后经了解才知道，原来是冉冉对班长总是管理眼操，凭借自己的标准给同学加减分，自己却从不做眼操这件事情产生了不满。在冉冉看来，这并不是一个合理的规则。我想，冉冉对规则有了自己的认识和判断，这是好事情，我不如顺势而为，对他进行角色升级。

但"加官晋爵"可不是一件容易事，他能胜任吗？同学能信服吗？于是，我的第一步，便是帮他转变形象。二年级时，我设立了"班级人人岗"，对班级大小事务进行分工。冉冉负责关门任务。领到任务的那一天，可把他高兴坏了，教室前后的两扇门仿佛成了他的专属物品。那天以后，冉冉成了班级最后一个离开的人。借此契机，我在班会课上特意放大了他的这一行为，在全班同学面前表扬他的责任心，从那开始，一有机会我便当众肯定他的工作能力。有了群众基础，第二步便是培养工作能力。我邀请冉冉担任我的"飞行"课代表，并从中教给他一些班级管理的方法。经过一个学期的表现，在新学年的班委竞选中，冉冉以32票的高票数成了班委会的一员。他与其他班干部一起，在我的指导下商量制定班规，更让人意外的是，冉冉还将一些班规编成了文明口诀，同学们竞相传背。

　　二年级的最后一个学期，冉冉以全票当选了最后一周的"彬彬有礼小学生"，休业式的前一天晚上，冉冉的妈妈告诉我，一向抗拒洗头的冉冉，主动要求洗头发。休业式当天，冉冉穿着整洁的校服，一步一步走上了学校的领奖台。我在台下望着他，一双溢满了快乐的圆滚滚的大眼睛，两颗咧嘴露出的硕大洁白的门牙，真是一只活泼可爱的小猴子，就如同我第一次见他时那样。

　　一个外表毫无章法的皮猴子，内心实则装满了活泼自由的天性。我希望用巧妙的方法来善诱皮猴子智慧的头脑，发动周围的力量，一起用温和的方式陪伴和引导孩子建立起规则意识。意在找到一个平衡的支点，让他能在有序的学习生活中探索更多的无序。

班级"小弟弟"成长记

——培养特殊孩子独立能力的一波三折

潘海云

一个早晨，我站在教室里看着大片大片的阳光撒向教室，这阳光还钻进我的心里。近期一班的表现得到了越来越多的认可，我不免感到开心。我怀着愉快的心情站在教室里等待孩子们的到来。随着时间的推移，孩子们一个接一个地走进教室，放下书包，开始早读。我向外扫了一眼，发现走廊外小张垂头丧气地背着书包慢慢向教室移动，好像不受自己控制的提线木偶一样，小脸上写满了不情愿。我再定睛一看，发现他的爸爸妈妈没有跟在他的身后。我看着他心不在焉地来到座位上坐着，呆呆地趴在桌面上，完全不知道接下来应该干些什么。他忘了将餐盒和水杯放进柜子里，也忘了把书包拿下来挂在椅背上。突然他转动脑袋，一直向着门外望，嘴里不住地说着："妈妈在哪里？妈妈怎么没有来？我要妈妈！"我马上来到他的座位边上一直安抚着他，也尝试着让他放下肩上的书包。可是他似乎关上与他人交流的门窗，丝毫听不进去我的话。当他看到他的妈妈拿着他要服用的药匆匆赶到教室时，他才真正冷静下来。这件事好像在嘲讽我之前为小张所做的努力都是无用功，我认为的改变不过是一叶障目。于是我开始回头看我与小张走过的这些路。

沉默的"小弟弟"

新生体验日当天我作为班主任给每一位班级里的孩子带上了专属姓名牌和一朵小红花。孩子们都感到很新奇，但是也会尽量在老师说话和发出指令的时候让自己专注起来，可是小张对新奇的事物和陌生的环境就完全表现出一种冷漠、心不在焉的态度。到了中午年级合照的环节,其他孩子都挺起胸、抬起头,希望自己的笑脸能够完美地呈现在照片中。我定睛一看,发现小张一直低着头去拆解着体育老师发的纸星星。我试图通过叫他名字来引起他的注意,可他仍然没有一点反应。我再试着去拿他手中的星星,他头也不抬却还是紧紧攥着手里的星星。就这样他在第一张年级合照里成为唯一一个低着头、没有露出正脸的孩子。小学生生涯正式开始了,其他孩子都在慢慢适应这个新身份,小张却表现得格格不入,因为他完全没有建立规则意识和集体意识。我发现他一直处于游离状态,不管是上课还是下课,他都捧着自己喜欢看的书,丝毫不理会铃声或者指令。班里的其他同学不断告状,任课老师也"投诉"不断。

　　由于小张一直活在自己的世界里,我很想靠近他,却苦于没有什么好的办法,所以我希望以家长为突破口来了解他。约谈过几次小张的父母,我了解到小张在认知方面相较于其他同龄小朋友发育慢,不过在智力方面没有任何问题。此外父母一直也在医生的建议下积极寻找办法帮助孩子。从纵向比较来看,小张相较于以前的自己有了一定的进步。了解到小张的情况,我决定给小张更多的时间,放慢他成长的脚步。我抓住一次小张不在校的机会,和班级里其他小朋友们一起探讨如何帮助小张。没想到小张的同桌——一位懂事且乐于助人的小女生这样说道:"我觉得我的同桌和我的弟弟很像,弟弟经常不听妈妈的话,我的同桌不太听大家的话。不过我是不会怪他的,因为他还小,他还不懂事。"就这样在她的引导下,全班小朋友把小张当作了弟弟。这时小张表现得十分游离,所以他身边的孩子会提醒他上课前做好课前准备,听课时不要看其他课外书,排队时要跟上队伍等。小朋友们也默认了他的"特别",对于他的某些出格行为也大开绿灯。班级维持在一个暂时平衡的状态。

"小弟弟"大闹班级

　　度过了前期的适应期,小张对周围的一切已经适应了,他不再表现得那么沉默,越来越积极主动。他的活跃打破了班级现有的生态平衡。有时候他会听课,这时他会有强烈的表达欲望,老师向孩子们抛出问题的时候,他不会举手而是嘴里不听说着:"老师,我会!我会!"对于老师提出的举手再发言的规则视而不见。大多数时候他不会听课，课堂简直成了他的乐园。他会随意走到图书角去拿自己喜欢的课外书。他会自顾自地走到其他小朋友的座位边上，将铅笔盒往别的小朋友身上一扔说着要和他一起玩耍。他会拿走失物招领盒的铅笔、橡皮还有尺子，做出"抛石器"将橡皮一个个抛向周围。可以说上课的小张做出的举动简直就是花样百出。课间的小张也找到了自己的玩伴，可是他玩耍的时候不知道分寸，会将铅笔、尺子带在身上随意跑动，甚至会将它们对准小朋友的脸。面对这样的小张，小朋友是包容也是友善的，他们会去提醒他，会去劝阻他不恰当的行为，可是小张不能明白他们的善意，还会做出攻击性的行为。

小张的行为严重影响到了许多老师的教学进度。为了维持基本的课堂秩序，老师不得不停下来制止小张的举动并教育他，不让他的错误示范破坏班风。可是这样就会浪费大量宝贵的课堂时间，长此以往小张自己的受教育权得不到保障，其他孩子的受教育权也被他破坏，连安全也可能受到威胁。我在向小张的父母陈述事实之后，讲明了利害关系，提出了全天陪读的要求。让我欣慰的是小张的父母十分支持我的工作，表示愿意全力配合。他们接受了医生的建议给小张服用了药物，还坚持定期去医院复诊。

"小弟弟"爱进步

自此以后我们班的课堂多了一位大朋友。父母会在小张情绪激动时及时安抚他，也会在他打扰课堂纪律时阻止他，还能不时在耳边重复该遵守的行为规范。作为老师我和他进行了更多的交流，课下和他聊一聊今天的校园生活。课上给他举手发言的机会，多多肯定他的答案，让他获得更多的自信心和愉悦感。我还关注到他方方面面微小的进步，及时表达对他的赞许，引导他往好的方向发展。班级里的小朋友则进一步形成一种默契——每个人都主动帮助"小弟弟"。在各方面的努力之下，小张的改变越来越大，一切都在往好的轨道上走着。上课的他不会很明显地打扰课堂纪律，他的坐姿也越来越端正，甚至能做到安静地举起小手等待老师点到他的名字。课间的他不会再拿出文具来追赶小朋友。老师见到作为班主任的我也总是开心地提到小张的进步非常明显，这让我很是欣慰。最让我激动的是小朋友们对小张的认可。在几次班会课上我们班都有小朋友提名小张获得"彬彬有礼小学生"这个荣誉,而且他们都能从各个方面讲出小张的进步。小张在座位上用小手捂住笑脸,透过缝隙都能看到他的笑脸。在一旁的父母更是控制不住地嘴角上扬。

我抓住了"小弟弟"这个主要矛盾,在解决主要矛盾取得阶段性胜利之后,我将更多精力用于解决次要矛盾。我将前期制定的"班马锦囊"落地地去执行贯彻,让孩子们找到行为的依据,就这样我们班在行为规范上取得了长足的进步。周一的晨会上总能听到主持人这样宣布:"文质彬彬班,101。"文章开头的这件事又触动了我,它让我开始思考我是在帮着小张在跑,还是在推着小张向前跑。起初的我出于惯性思维和外界目光渴望的是整体的稳定,所以班级里的每个个体都被我用集体所压制。我功利性地用同一套行为模式去要求32个孩子,去训练他们的行为习惯。可是像小张这样的"异端"有自己极其鲜明的特点和个性,他一直在缝隙中默默反对着这一切。他离独立越来越远,一步步走向依赖,这促使我反思这一切。我理想中快速成型的集体没有给小张成长的空间和时间,它只会抹杀小张独立的可能性。小张的认知发育原本就慢于其他孩子。他来到学校除了学习文化知识,还要学习如何和他人相处,学习规则意识,为融入社会做准备。可是父母的过度陪伴,老师的偏爱,同学们的过度包容和理解,都让他离独立越来越远。这些打着为小张好的幌子的行为,只会让他停止在目前的状态,甚至让小张的行为倒退。

"小弟弟"成长特烦恼

意识到这一点,我开始采取新的措施。我和小张父母商量要逐渐缩短陪读的时间。考虑到下午的课是兴趣类课程和拓展课,我希望小张能独立地完成下午的课程。经过一段时间的观察,我发现小张的行为相较于从前确实有很大的进步,即使没有父母的陪伴他也会和小伙伴们开开心心地参与到拓展课中,可能注意力没有那么集中,可能不是那么听指挥,可能又沉浸在自己的世界里。但是他又迈出了独立的一步。于是我开始尝试让小张完全独立上每一节课。没有了父母的提醒小张连拿饭盒这样的小事都需要反复提醒,于是我不得不再次将精力分散在他身上。小张偶尔有情绪起伏的时候,我不得不增加在班的时间,好及时安抚他。可能是前期的努力有了回报，比起之前小张的行为受控了许多，我就能在他的行为常规上更下功夫。慢慢地，他能在父母不在场的情况下挺直小身板，整理好午饭后的餐具收纳到柜子里，跟着领操员伸直腿和手臂等。渐渐地班里多了这样的声音："你别去，让他自己来。""小张你真棒！"孩子们也在我的带动下学着放手，他们不再把小张当作事事都需要帮助的"小弟弟"。他们学会了去鼓励他自己去尝试，学着为他的微小进步而喝彩。我们101班的"小弟弟"在磕磕绊绊中一点点张大了，在孩子们眼中他逐渐变得不那么特殊。我也在小张一次次的试错之后让自己的心态变得更加包容。老师的判断和期望对学生有很大的影响。我拿着同样的标准和期待来要求小张，不过我将他达到标准的步骤分解为更小的几步，容许他在过程中出现错误和偏差，等待结果的分毫不差。

"小弟弟"引发蝴蝶效应

其实其他孩子对小张的过度包容和帮助，父母在集体生活中的过多介入，我对小张的低要求和低期待，这些都是在扼杀小张的独立性。这些看似出于爱的行为对于小张而言都是一种不公平，都会造成不良循环并不断加剧抹杀小张更多的可能性，使小张的未来雪上加霜。还好我及时回过头来思考这一切，我很庆幸我没有被表面的成功所蒙蔽，从而造成持续的僵化。我始终相信独立的力量，在蒙特梭利的"独立成长理论"指导下，为小张扫清障碍努力实现心理的独立。"谁若不能独立，就谈不上自由。"因此，要引导儿童走向最终自由，必须要先引导儿童走向生理独立，促使其适应环境。他的独立在于不需要依靠父母和同伴，意味着力量和自信。这种"我可以，我能行"的心态能带来源源不断的行动力。

起初我和其他孩子给小张贴上了"小弟弟"的标签，但我们用了更多的时间摘掉了小张"小弟弟"的标签，让小张在独立自主中得到改变，同时小张也让孩子们改变了对所谓弱者的看法。"小弟弟"的成长就这样静悄悄地发生着，改变着班级面貌、孩子成长以及我的理念。小张轻轻扇动翅膀，用他一个人的微小行为改变了我们班其他31个小朋友，也改善了我们的班级生态系统，还促使我进行了教育理念上的自我变革。

一粒灰 一个错 一群人 一个班

宋宁宁

从学校踏入工作岗位已三年余,在成为老师的那一刻,我心中就坚定了自己的教育理念——教育的本质是一棵树摇动另一棵树,一朵云推动另一朵云,一个灵魂唤醒另一个灵魂,这句话在我心中生根发芽,在与学生相处的过程中,我始终铭记这一教育理念,真心地为学生着想,为成为一个对学生"有用"的班主任而努力。但在真实的班级管理过程中,我也发现了意料之外的这样那样的问题,这些问题包括学生身上出现的理论之外的状况,以及我自身教育方式的局限性,在与学生相处的过程中,我努力理解学生,也努力地完善自己,让自己成为一名更合格的教育工作者。

一、一次卫生检查引发的改变

新学期伊始,我被安排接手了一个全新的班级,面对不熟悉的班级,我首先想到的是,我需要立好规矩,慢慢了解学生。前期我了解到,这个班级存在常规上的问题,因此我明白自己首先要在常规上下功夫,这不,刚开学不久,我们迎来了一次卫生大扫除。在我们班级,因为我们班卫生打扫是隔一段时间换一次值日表,为的是让每位同学都能体会到哪项工作都不易,这次是五名女同学拖教室地面。我提前做好了安排,并告知晚自习前,我来检查。本以为值日分工得当,就完全不会有问题,结果等我到班级一看,当场怒从心起,教室地面脏乎乎一片,几乎每一个角落都存在着问题。我压抑着没有发火,让拖地的同学再拖一遍,但这时拖地的同学仍然在互相推诿、指责。话是下去了,可是看着他们却老大不情愿,没涮拖把拿来就拖,更有甚者一只手拿着拖。我强忍着怒火(我的一条准则是不在班内发火,我认为那是一种懦弱的表现),要过一把拖把自己拖起讲台:"我来拖!"。卫生委员看不下去,上来帮我。拖完讲台,我让全班同学起立看着讲台,生硬地说了一句话:是可以拖干净的。

第二天,我专门拿出我的一节语文课,开了一节班会。没有一句批评,带着一种惋惜的口气,结合我班入学以来出现的各种问题,我给同学们讲了自己当年做学生时的心态(让学生有真实的互相理解的感觉),讲了做人的态度,讲习惯的养成,讲细节影响成功的道理……并进行推心置腹的交流,让学生就上午的问题发表自己的看法,或者是有误会当场解开,一开始学生并不愿意说话,后来慢慢有同学愿意发表自己的看法,大家似乎都感觉到,虽然只是一次小小的卫生扫除,但是却折射出了班级的一些问题。发现了问题,那就解决问题,临近下课,我带有鼓动性地问了一句:"今天下午再进行一次卫生大扫除,能不能做好?"全班异口同声:"能!"我知道有效果了。

果然,下午卫生扫除我再去检查的时候,教室内真是变了个样,干干净净,整整齐齐;更没想到的是有几名同学还主动向我承认了错误,谈了自己的认识。趁热打铁,我给了她们赞许和鼓励,并向全班同学提出了新的要求。从此班级的卫生情况大为改善。

作为班主任,作为管理者,我认为最重要的是构建一个和谐文明、积极向上、团结奋进的班集体。首先,班主任是核心,是引导者,更是组织者。班主任应融入学生当中,成为学生信服、尊敬的"领袖",万不可与学生对立,成为单纯的管理与被管理的关系。最直接的一点就是不要当众发脾气,起不到好的效果,却会在学生心中造成老师爱发火不亲善的影响,久而久之,难以服众。

其次,班主任管理要公平。大事公平,小事更要公平。公平要体现在你的一言一行,你的一举一动上。男女同学要公平,成绩有差异的同学要公平,班委与同学之间要公平。处理问题要就事论事,尽量避免带有个人色彩,不要针对个人,而做出相应处理要统一要求。

再次,班主任要以身作则。中学生最容易模仿,班主任的一些思想会潜移默化地影响学生。有些时候,在处理一些细节问题时,"此时无声胜有声",一个动作就能胜过千言万语,所以,在处理上述问题时,我没有批评,而是用行动去做,以老师的行为和力量去影响学生的思想。

最后,我要谈的是班主任要充分尊重和信任学生。不要吝惜你的赞扬之词,有问题及时处理,有了进步更要及时表扬。学生希望得到老师的认可,更渴望得到表扬,这会激发学生强大的学习动力,增强信心,也会是班主任融入班集体,与学生交流沟通的良溶剂。

二、一次师生误会引发的成长

众所周知,初中生处在青春期,情绪非常敏感,自尊心很强,老师的一个误解或是一次批评可能会摧毁一个学生,虽然我一直努力避免这一情况。但是有时误解不可避免地会发生……

一次,上课铃响了,同学们都进了教室,上了大约五分钟的时间,忽然外面有个学生喊:"报告!"我立即打开门一看,原来是我们班的小a同学,这下我可生气了,就严厉地批评了他一顿:"你干什么去了?马上就要期中考试了,你还上课迟到?还是准备考二三十分吗?"平时大大咧咧的他这下可急了,眼泪分明在眼圈里打转:"老师,我不是迟到,我是给科学老师交作业本去了,这才来晚的。"我的脑中"轰"的一下,是呀,我和科学老师商量了的,为了调动他的学习积极性,让他当科学课代表的嘛,我知道错怪了他,连忙给他道歉,他却气呼呼地走了,几天都不理我。后来,我在家校本上真诚地向小a道歉,并且在第二天语文课课前在全班同学面前说明了自己对小a的误解,小a当时有些不好意思,但是还是羞涩地笑了笑,我知道他这一笑,心里就没疙瘩了。后来,这个男孩子和我冰释前嫌,我和他进行两人面对面的谈话,把整件事情发生的原因做个系统的分析和总结,他知道自己以前的形象已经给同学和老师留下了不好的印象,他明白要想老师同学彻底改变对他的看法,他首先应该改变自己,我鼓励他用自己的实际行动赢得大家的认可,一个月后,他那些小错误已经改掉了不少,同时我深深明白作为一名负责任的班主任,用关怀来教育并感染了解学生,使学生明白道理,让学生感受我们的关爱,才是最重要的。

我们常说,真心换真心,我想教师对学生应当也是如此,只有真心关爱学生、相信学生,才能得到学生的信任。上面这则案例,从学生的角度来看,如果我不能处理得当,可能会打击学生的自尊心,让学生真的与我对立起来,生出一种对我的不信任感,从此我的教育可能都会无效了;从教师的角度看,不能真正理解学生的班主任,确实是不合格的班主任,我们教导孩子们做错了事情要及时改正,而我们却不愿意低头说一句对不起,那么这样的班主任难以服众。

入职的这些年,我如同一名演员,不断地在不同类型的课堂上切换情绪表演。总以为自己需要拿出班主任的威严,要有班主任的架势,否则孩子们不会把你当回事;课堂上又想着要活泼一点,否则学生就不喜欢自己的课。努力地想要成为让每一个学生又爱又怕的老师,但总会遇到让我束手无策的特殊情况,使我陷入对教育是什么的怀疑。以上两个案例只是我日常教育过程中的非常微小的两个瞬间,但是却让我明白,作为一个老师,我要学习的还有很多,教育的道路还很长,教育的模式也不能总是一样毫无变通,我和我的班级会一直努力地走下去。我想,我们老师存在的意义,也是在于成为那位停留等待的人,牵着蜗牛去散步也挺好。树摇动树,云推着云,都需要风的帮助,而风不常有,等等孩子,给她们一点时间,等风来。

采用鲶鱼效应，组建班级小组

杨彩清

在组建班级小组时，我对班级的五个小组"分门别类"，每个小组都各具特色，以自我为中心的至诚组、理科小学霸的至扬组、偏爱文科的至知组、中规中矩的至心组、文理兼顾的至美组，然后我会在每个小组，放一个性格完全相反的小组成员，在各个小组中形成鲶鱼效应。接下来我就和大家分享14班至诚组的小组故事。

在七年级新生家访结束后，我根据班级内各个学生的性格、能力各自分组，发现其中有六个孩子比较特别，家访过程中发现，这六个孩子及其家长都比较以自我为中心，家访时家长要求一定要当家委，孩子要当班委，这样孩子才会被老师所重视，面对这样的请愿，我再三思考后决定选择另辟蹊径，把这六个孩子就直接安排在一个小组，剩下一个小组名额，我就选择了班级里最耿直、刻苦、暖心的孩子小皓在小组里，小皓从小就家境贫寒，加之爸爸又查出直肠癌晚期，这孩子除了自己学习刻苦外，还包揽了弟弟的作业辅导和家里的所有家务，把他安排在这个小组里，就相当于是给其他六个孩子放了一面镜子，最后我还把这个小组取名作：至诚组，希望小组里每个人都诚心相待。

在开学后的至诚组，从军训就开始互相"磨合"，他们在吃饭时各自顾自己，吃鸡腿要大的，分水果要一个个挑选过，要新鲜且大的，发新书要一本本看过去，有烂的不要，有不平整的不要，剩下的鱼排、鸡排、好吃的、水果立马冲过来哄抢完毕，绝对轮不到其他小组。轮到自己小组值日了，班级卫生必定会被自管会扣分，本来平时比较早来的，至诚组值周那一周，他们就是来不了，一个比一个晚，垃圾从来没人倒，黑板没人擦，任务分配好了，也会反悔不做。这样的小组是真让人头疼！

面对至诚组以上的所有行为，一直有一个人在他们中间默默地待着，吃饭从来不挑，有什么剩什么吃什么，他说吃饱就好；军训时小组里组员们的水杯随时帮忙接上水，他说举手之劳；发新书时组员们嫌弃的书，他都自己拿着，他说都是新的，都一样；轮到小组值日时，他一定比平时早来，一个人完成班级里所有值日任务，擦黑板、倒垃圾一个人自己承担，任劳任怨。这样的小皓感觉是神仙宝宝！

在此期间，我没有对他们的挑剔、争吃、偷懒作任何评价，只是抓住小皓干活时，其他小组和谐相处时……一切可以"照镜子"的事情、现象、素材，我都会在旁边提醒组员，示意他们观察其他小组的生态，自己反思他们组内的小皓同学的一举一动。一次又一次的"照镜子"后，组内的6个同学开始转变了：值日抢着做，同一个卫生死角会被几个组员都擦过好几遍，从此卫生死角没有了，至诚组负责的教室卫生从来不会被扣分。吃饭时主动为组员、班级内同学盛饭，发水果，剩下的饭菜不好了也不嫌弃，水果小了也照吃，剩下多的还会主动分给其他组成员，自己组内绝不多要，一定分享。这样的小组是真让觉得可心！

开学一个月后，14班的孩子们都磨合得几乎差不多了，班级里的卫生、吃饭、纪律基本稳定成型，我们举行了班委选举大会，至诚组7人有3人当选为班长、记分委员、电教委员，还有2人是社会课代表，算是当选比较多的小组。随后我们还制定了班规，冠军小组的评比必然是至诚组最在意的事情，他们拥有极大的集体荣誉感，但是选择了"不光彩"的方法获得，他们利用班长和计分委员的权利之变，擅自篡改小组积分，当班级其他同学发现告诉我时，我私下找到至诚组的两名组长和组内的计委员，了解篡改分数的具体事情，了解得知他们和其他小组分差只差了一分，这一分将让他们错失半学期冠军，所以才让计分委员改分。与至诚组谈话后，全组人员主动在全班同学面前承认错误，并且保证以后绝对不会再有类似事情发生，一定有一个公平的竞争环境，就因为计分委员在至诚组，他们会更加看重公平，并且做到组内监督。经过这件事情，再也没有发生过篡改分数的事情，相反的是小组的凝聚力更好了，七八年级只有一次不是学期冠军，其他的时候每次都是冠军小组。

在七下时我选择了重新改换小组成员，集体讨论下来，只有至诚组不愿意换组换成员，他们觉得他们就是最完美的组合，有事大家一起分担，有好事一起分享，小皓同学家里有困难，大家都一起出力帮忙，涉及春秋游，所有组员都会故意多带一些好吃的,目的就是给组内的同学吃些好吃的又不尴尬。组内还有两个抑郁症的同学,之前会自残,分到一个组后两个同学成了好朋友,一起加油努力克服困难,两个人的手臂都不再有划痕了,就连她们的妈妈也成了好朋友。

　　事实上,每个学生都是一件值得欣赏的"艺术品",学生想成为什么样的人,完全取决于学生自己的选择,我们无法改变他们,只有学生自己能改变自己。我们要做的事是放大他们美好的一面,积极上进的一面。当他们受到污染时,为他们除去污渍,鼓励他们积极地面对人生,对自己负责,做自己命运的雕刻家。

我的教育故事

郝瑞锋

一、教育案例

董同学被同学们称为"天才"，因为他博览群书，上到天文下到地理，通古论今，无他不晓，不管文科还是理科他的学习成绩在班级乃至学校都名列前茅。但他也被同学们称为"巨婴"，他在课堂上听到感兴趣的教学内容时，便会不顾及老师和同学，大声发表自己的观点，导致老师的教学内容无法正常进行下去，他也会在老师和同学讨论问题时无缘无故地大声喊叫"安静"，让老师和同学莫名其妙地都看着他，他还会在小组合作的过程中，游离小组之外，一个人去跳街舞；课后，他会抱着他崇拜的同学表示他的亲近，他也会用拍打同学身体的方式表示他对同学的喜爱，他会叫同学"妈妈""爷爷"等称谓，他也会在教室说脏话，这种种举动让同学对他敬而远之。

二、我的教育策略

(一)诊——多方访谈，寻找"问题"根源

(1)家校联系，从原生家庭寻求答案

第一次家访时，董同学的爷爷在家，但我未见到他的父母。董爷爷只是介绍了孩子父母的工作，并告知孩子父母平时比较忙，都是他在管理孩子的饮食起居。但不愿意透漏有关孩子父母的更多信息。

第二次家访,是孩子在学校有种种"问题"出现时,我再次向董爷爷询问董同学在家的生活情况。或许是因为经过了半个学期的相处,董爷爷这次放下了戒备心理,告知:董同学出生后,董妈妈得了产后抑郁,几乎就不管董同学,孩子是在爷爷和爸爸的管理下长大。董爸爸工作比较忙,要晚上八点左右才能回家,董同学的起居饮食几乎是爷爷一个人在管理。董爸爸下班回家管理孩子学习辅导。

(2)任课老师处,寻求孩子的表现

我同时也和各科任课老师交流寻求董同学在校的表现。综合各科老师的反馈意见是:董同学非常聪明、学习能力也强,他还很愿意帮助同学和老师,也是个有礼貌的学生。但他的课堂纪律实在让人头痛,他会凭着自己性子去学习,如果课堂学习内容是他不感兴趣的知识,他就会自顾自地玩,不理睬老师。比如社会学科中,他对历史感兴趣,他学习得非常认真专注,但他对法律不感兴趣,当老师讲这部分知识时,他就在做其他学科的作业;英语课上,他会和老师辩论学习英语无用……总之,他让老师们无法琢磨。

(3)与同学交流,收集学校生活中第一手资料

我找班干部和董同学的同组同学进行交流,了解董同学在班级中的表现。学生的反馈如下:行为习惯方面,董同学一点纪律性都没有,课堂上他会莫名其妙地大叫,还会无缘无故讲脏话骂人,导致小组扣分严重;学习方面,董同学是一个"天才",也是我们学习的榜样!

(4)与董同学交流,了解他内心动态

在一次董同学被同学"投诉"后,我抓住契机和董同学深切交流,问他:"你认为自己做得对吗?"董同学说:"不对。"我问:"知道不对,为什么还要那样做呢?让同学们投诉你?"董同学没有正面回答,他流泪了,而且告诉我:"我孤独,我孤独……"

从对家庭、老师、同学及孩子个人的交流分析中,我对董同学"问题"根源进行了诊断:董同学本质很善良,而且勤于学习、乐于学习,他热爱班级、热爱同学,乐于助人。他行为习惯中问题的根源在于心理,他感觉孤独,他希望用他特立独行的方式引起同学老师的关注,他喜欢和同学一起玩耍,但他又不懂得如何和同学相处。在董同学出现不当行为时,听到更多的是同学老师的批评以及爷爷爸爸的责备,久而久之孩子有了自卑心理,从而出现了"问题"行为。

(二)调——家校联动,调适心理,进行个性化教育转化

(1)制定科学合理的改正目标,阶段看效果

董同学主要的问题有两方面:1.课堂自控能力较差,表现在随意插话、说与课堂内容无关的话;2.课后讲脏话,与同学相处时肢体语言比较夸张。针对这两点,我和任课老师、班干部还有董同学本人一起为其制定了阶段性的改进目标,每周进行反馈,一月进行评估,不比别人只和自己比,力求每一次考核都较上次有进步,并把考核结果汇报给家长以表扬鼓励。

为了更精准地观察董同学的教育转变情况,我们制定了相应的考核表格,做好记录。

帮扶记录表格中考核的点不多,并且是以发现董同学的优点为主要内容,设计主旨为:正向引导、积极鼓励为主,让董同学循序渐进地进步起来,让同组同学乃至同班同学看到董同学的优秀之处,逐渐喜欢他,也让董同学了解自己的长处,从而消除自卑心理,以期更大的进步。

在帮扶记录开始之初,我给负责监督帮扶的同学开会并告知他们:我们的任务就是帮董同学改掉不好的习惯,当他有不良习惯出现时,我们不是和他计较得分多少,而是要及时提醒鼓励帮助。在表格记录的前几个星期,董同学很抗拒,他会觉得同学在监督他,会小声地向同学骂脏话,但同学会拿着表格来提醒他。董同学也会意识到,马上改正。

(2)家长给予肯定表扬,促进更快的进步

每天同组一个成员负责帮扶记录董同学的优秀之处,每周班长对董同学的小组表现及班级表现做总结反馈,每月班主任对董同学的进步进行班级反馈。每周同学的记录表反馈信息通过QQ告知家长,家长再次进行肯定与表扬,并和董同学一起制定下周要达到的进步目标。

(3)科任老师及时发现闪光点,包容鼓励帮助进步

董同学不存在厌学的行为,只是他对学习有"选择性",所以,我和各科科任老师沟通交流建议采取的教育方法是——"爱屋及乌"法,先让董同学喜欢科任老师,然后更加喜欢这门学科。通过对董同学性格特点的分析了解——董同学喜欢展示自我,科任老师采取的方法是,在自己所带的科目教学中,给董同学更

多展示自我的机会,让他从内心肯定自己,在同学间树立威信,从而激发他要求进步的信念。

短短一个学期,董同学在各科的竞赛中都取得了优异的成绩。董同学的课堂表现自然不用言语,他再不会和英语老师辩论"学习英语无用",也不会和社会老师讲"我不喜欢学习法律"……

一闪一闪亮晶晶　满天都是小星星

林苗苗

在我刚从事教育工作的时候曾看过一部印度的教育电影《地球上的星星》，记得电影开头的一幕有一张深蓝色的图片，图片上有闪耀着钻石般光芒的星星，也有星光黯淡、划过天际的流星。紫红色的八爪鱼、深绿色的鸟、红配绿的小鱼，这些看似奇怪的事物却是一个小男孩脑海中真实存在的东西。这个小男孩名叫伊桑，他因患有读写障碍，成了世人眼中的笨蛋，被父母责骂，被同学嘲笑，被学校退学，直到他遇到了尼克姆老师，他的人生被改写，成了人人为之喝彩的绘画天才。

电影中的故事用不到三个小时的时间讲完了，但它在我心中留下的涟漪却久久不能平静。"每个孩子都是独一无二的，总有一天，他们会走出自己的路。"这是电影中对我启发最大的一句台词。于是，我将我的班级命名为"星火班"，我们班的班训是"你，是独一无二的星星"。我用这句话时刻警醒自己要向尼克姆老师一样尊重和善待每一个孩子。

从草袋子里看到一颗星

满天的星星熠熠生辉，但总有几颗会显得与众不同。

小刘曾是一颗让我苦恼的星星，已经二年级的他，每节课上课不久都会高高举起自己的小手，当你期待着他能答出你想要的答案时，他却总是不合时宜地蹦出一句："老师，我要上厕所。"甚至连公开课时也不例外，这让我尴尬而又无奈。原来，下课的时候，小刘总是跑去疯玩，而忘了去上厕所。因此，我总认为他是一个玩心重,没有条理和责任心的孩子。

有一天,孩子们上屋顶农场为农作物拔草,说到劳动,孩子们兴致满满,小刘也拔了满满一袋子的杂草,还不时拿着袋子来我面前炫耀:"老师,你看,我拔了这么多,袋子都快装不下了。"我笑着表扬他:"你真能干,是一个很爱劳动的孩子。"当天,他一定自豪极了,因为直到放学他都舍不得扔掉那个装满草的袋子,而是高高兴兴地提着他的军功章回家去了。

那些天,我正在为值日生们老是忘记打扫包干区的卫生而被扣分的事儿而发愁,望着小刘那提着袋子远去的背影,我仿佛看到了那若隐若现的星光。他爱劳动,我为何不抓住这一特点给他安排一个专属职位呢?第二天,我在班级宣布鉴于昨天屋顶农场活动时小刘的优异表现,我决定授予小刘一个独一无二的岗位——包干区管理员。

我告诉小刘,以后包干区由他全权负责,每天的8:20和12:20一定要去巡视包干区的卫生,以免被扣分。从那天起,每当那两个时间点一到,小刘都会从位置上弹起,拿着扫把就往包干区跑。原来,小刘也不是那么的没有责任心,他可以很尽职。一段时间后,我对小刘说,你看包干区管理员的工作你做得那么棒,我相信你也能管理好你的课间,一定不要忘记上厕所哦。小刘不好意思地点了点头,似乎听懂了我的意思,渐渐地,我都快忘了小刘每节课都要去上厕所的事儿了。那若隐若现的星光终于变得闪亮耀眼。

在领奖台上点亮一颗星

小阳是我们班出了名的调皮捣蛋鬼,他似乎总有用不完的精力。每天我的耳边都会充斥着各种告他状的声音,"林老师,小阳打我!""林老师,小阳抢我东西!""林老师,你们班的小阳在走廊和别班的孩子打架呢!"

我苦口婆心地一遍遍跟他讲着大道理,告诉他哪些事可以做,哪些事不可以做,他总是当下答应得好好的,但是过一会儿又故态复萌了。我一度十分沮丧,也十分懊恼。直到有一天,体育袁老师告诉我,小阳是我们班跑步最快的,没有人可以超过他。我欣喜若狂,心想机会来了。我当即联系了孩子的家长,告诉她我准备派小阳参加接下来的运动会短跑比赛，让她一定好好做做孩子思想工作，并监督他练习。运动会当天，我轻轻拍着小阳的肩膀告诉他，我相信他能拿两块金牌回来。预赛、决赛，操场上充斥着我响亮的加油声，晃动着我陪跑的身影，那一天的我为小阳而疯狂。终于，小阳不负众望拿到了两块金牌。登上领奖台的那一刻，小阳的脸上绽开了灿烂的笑容，那双闪亮的眸子里是熠熠生辉的星光。

运动会结束之后，调皮小阳在我们心里变成了冠军小阳，我明显感觉他自信了，偶尔他还是会犯一些小错误，我会对他说："你现在可是拿了两块金牌的冠军诶，大家都认识你，这事儿可不是冠军该做的。"我十分感谢袁老师的慧眼识珠，发掘了小阳独一无二的优点，让我有机会改变他。现在，热爱运动的小阳总是活动在体育场上，虽然他还是小错不断，但我相信他一定会越来越好。

每个孩子都是地球上独一无二的星星，也许有些星星生来不像其他伙伴那样明亮璀璨，但我们不能否认他们也有自己的光芒，在某个瞬间，我们看到了它，我们点亮了它，他们能发射出更加耀眼的光芒。

小江的"糖果计划"

陈依媛

"45.5、26.5、20、17",这四个数字是小江(化名)语文前四个单元过关练习的成绩,像在坐过山车,从本就不高处直冲而下,我看着这些数字十分揪心。

小江的家庭并不富裕,一家五口挤住在一个小房子里,母亲是唯一的劳动力,父亲常年不在家,爷爷奶奶腿脚不便,靠卖废品挣钱,每天早上,妈妈要早早起床,送姐姐去另一个区的小学读书。也许是生活条件有限,又或者是先天生理性原因,我发现在学校时小江总比别人慢,完成老师的指令要慢一些,回答问题要慢一些,而这学期刚开始,他索性破罐子破摔,上课就直愣愣地看着一个地方,眼神恍惚,35分钟的课堂便走神35分钟,轻轻提醒、点名答题都不管用,只是让他从直愣愣坐着变成直愣愣站着。

起初我很焦虑,迫切寻求着改变的办法,没想到改变竟在不经意间发生了。

转变从一根棒棒糖开始

小江和我住在同一个小区,巧的是,也在同一个单元,我住13楼,他住4楼,可是每次看见我,他都紧张得不敢动,僵硬得像一块雕塑,尤其是在电梯里遇见,简直是他的"社死"现场。一次周末,我在超市看到了他,顺手给他买了一根棒棒糖,并嘱咐道:"你下周上课要举手回答问题噢!"只是我不经意的一句话,也许是在棒棒糖的甜蜜加持下,他把这句话听到了心里,并且真的开始举手了,我看到那只手举起的时候,我觉得有一道光出现了。

庆幸的是，那段时间正值家长开放日，参加完儿子的课堂，小江妈妈发现班里再没有人比小江更走神了，在我的建议下，她带着小江去医院检查，最终报告单中显示"总智商88，智能水平中下"，而他的注意力远低于正常数值，所以我和小江妈妈一起开始了注意力攻坚战，在配合药物治疗和注意力训练的同时，我给小江制定了"糖果计划"。

小江"糖果"计划奖励

目标	奖励	奖励人
听写写对一半	一颗糖果	陈老师
每节课回答1次问题，坚持一个星期	五袋糖果，可以和姐姐分享	陈老师
加油站获得合格	一袋糖果，可以和朋友分享	陈老师

奇迹发生在一袋大白兔之后

哪个孩子能拒绝糖果的诱惑呢？我的计划发给小江后，他兴致高涨，课堂上积极举手，听写认真准备。计划实施的第一周，就遇到了过关练习，没想到他竟获得了65，按计划，我要奖励他一袋糖果，他挑了一袋大白兔。在回家的路上，他终于开始和我交流。每个周五，我会在放学前和他约定，6:30单元楼下见，带他去超市兑换糖果奖励。现在的他，看到13楼的电梯往下行，他会等等，说他有预感是我，要一起走。

"65、55、75.5、76.5、89.5"，这是小江这学期后五次过关练习的成绩，你看，这趟过山车也开始往上冲了。

教师的一双眼睛看不住孩子们几十双眼睛，但是，教师的一颗心可以拴住几十颗孩子的心。只有自己紧紧拽住一颗诚挚不灭的爱心，才能演绎出教师生活的精彩，才能有说不完道不尽的甜蜜故事。

第六篇章　家校协同

离家出走的风波

——二胎家庭大孩的酸甜苦辣

马佳尔

风波乍起

"老师，小左刚刚跟他爸吵了一架，摔门出去了，到现在都找不着！"电话那头的左妈心急如焚地跟我说孩子丢了。我赶忙驱车前往他们家小区，一路上，关于小左的事情一幕幕浮现在我脑海里：一个怯生生的小男孩躲在小左身后。"这是你弟弟吗？"我问他，他点点头，还附上一句评价："很淘气。"这句话从他的口中说出来时我愣了一下，这口气好像是父母对孩子做出评价。"这是一个二胎家庭，哥哥需要照顾弟弟；小左的书桌有点杂乱，但是待人彬彬有礼，本性纯良。"离开小左家后我在笔记本上记下这段话。

没想到的是，开学后，原本在家中安静憨厚的小左成了班级小霸王，作业不认真完成，上课走神，下课就跟同学高声谈论游戏，情绪易怒，经常与同学发生冲突。科任老师们一个又一个地向我诉说小左的"罪状"，这孩子，到底怎么了？

风波背后

找回小左的周末，我踏上了第二次家访之路。我将孩子的在校情况告诉了小左父母，他们表示很无奈，因为他们工作太忙，没时间关注小左的表现。见其没有意识到问题的严重性，我提了个建议："能否记录一下兄弟俩在家的日常生活？"小左父母答应了，不久一段视频就发到了我手机上：

"你别过来，我在跟同学讨论篮球赛的事呢！"

"哥哥陪我玩！陪我玩！"

"再过一会就好了，你等一下好吗？"

"我不嘛，现在就要玩！"

"你先看会漫画，我马上就结束陪你玩。你别哭！一会他们又要骂我了！"

嘶啦……视频中一段对话后，传来了撕书的声音和一阵弟弟的哭闹声。弟弟将小左的漫画书撕了大半。眼看着心爱的漫画被破坏，小左崩溃大哭。

通过视频我看到了兄弟间激烈的矛盾，小左父母也意识到了弟弟对他的影响，有了想要改善问题的想法。为了更了解事情原委，我时不时地找小左聊聊天，以此打开他的心扉。在他的叙述中，我渐渐读懂了小左在校表现的原因——他觉得父母有了弟弟，放弃他了……

化解风波

找到症结所在，我开始为小左寻找解除心结的良方。

修复关系，减少波差。要解决小左的问题首先要维护他在父母心中的地位。我请小左父母给孩子写了一封信，告诉他仍然拥有着父母的爱。我记得小左父母在信里写道：

> 你是爸爸妈妈的第一个宝贝，因为你带给我们的甜蜜，才有了弟弟，即使有了弟弟，我们对你的爱也没有减少。我们很感谢你平时对弟弟的宽容和让步，这是你爱弟弟的表现。我们家多一个成员，更是多了一份彼此的爱……

小左看完信，眼泪啪嗒啪嗒地往下掉。父母的信让他知道自己的付出都被父母所知晓。"自打弟弟出生以后，全家人都以他为中心，我以为爸妈不管我了，我也无所谓自己变成什么样了……"他也终于吐露了自己的心声，对父母的称呼也从

"他们"变成了"爸妈"。

小左平时最烦听到的话就是"你是哥哥，你要……"。为了改变这种拉偏架的现状，我建议小左父母在家中设置家庭会议，当兄弟间出现矛盾时，召开会议，父母认真倾听陈述，公正地作出评判。

至此，小左在学校内的情绪有了很大的改观，不再因为小事就暴怒，转而寻求第三方的帮助，如果错在自身，也会主动道歉认错。

那天，小左兴冲冲地跑到我的跟前。"老师，昨天家庭会议上爸爸说家里墙上要挂一个相框，但不知道怎么才能挂正，我正好在数学课上学了几何作图，科学课上学了怎么用重垂线，最后帮爸爸把这个问题解决了！"他满脸开心地跟我说道。"你看，你学习的知识有了用武之地，爸爸看到你的能力也一定特别开心。"我热烈地回应了他。当天数学老师也跟我说："今天要好好表扬一下小左，数学课上听得超级认真，两眼放光一样盯着我讲课！"

亲子活动，感情升温。有了良好的沟通，要继续乘胜追击，"家庭活动日"应运而生，我邀请家长来校与孩子们一起做运动、包饺子、迎新年。桃花朵朵开、老鹰抓小鸡、两人三足、搭桥过河、拥抱传球，一个个游戏让孩子和家长们体验到了久违的亲密感。

活动结束，小左主动留下来打扫卫生，令我意想不到的是他提出了一个建议："老师，我觉得今天的活动严格意义上不算家庭活动日。""为什么？""我们家还有弟弟没来参加呢，不完整。"听到从他的口中说出这些话，我明白他真正接纳了从前那个让他"恨"的弟弟。

风波再演

好景不长，一天，左爸特地来到学校跟我诉说前一晚的暴风雨："老师，我把小左手机砸了。他整天玩手机，连魂都快丢了！"原来，与父母关系缓和后小左心情大好，和弟弟一起玩游戏，成绩起起落落。父亲最后一丝耐心被磨没了，再次爆发了激烈的冲突。

主题班会，降低波阻。俗话说，心病还是要用心药医治。改变小左，可能需要他体验"老大"角色的成就感,学会承担榜样责任。我开设了一节以"我为哥哥(姐姐)打call"为主题的班会,邀请同学分享自己哥哥姐姐身上最令他们自豪的故事。有的晒哥哥的证书,有的摆姐姐的照片,有的讲姐姐的事迹……同学们七嘴八舌地讨论着,台下的小左低下了头。我告诉所有同学,作为哥哥或姐姐,理应给弟弟妹妹立好榜样,肩负着哥哥姐姐的责任,你的一言一行在弟弟妹妹的眼里都是标杆。紧接着,以"我有弟弟妹妹,我的＿＿＿＿＿＿(优点)值得他(她)学习和骄傲"为主题的2分钟演讲成了下节班会课的内容。从小左的眼中,我分明看到了迷茫和不知所措。

定制秘籍,扶风而上。课后,小左找到我,闷闷不乐地说自己虽然有弟弟,但不想参加下周的班会演讲,因为自己身上没有什么优点可以讲。趁此良机,我拿出了当初设计班级文化时的清单,上面清楚地写着同学们要努力成为一个阳光、正直、灵动的美玉少年。根据小左的特点,我为他制定了一份美玉少年养成秘籍,上面写着:①坚持每天晚上锻炼身体,强健体魄。②坚持写每日三句总结反思,时刻警醒自己。③坚持自己的一项特长,使其成为自己的金名片……

我给他一周的时间,只要他能将其付诸实践并继续坚持,就能将其作为优点在下周的班会上演讲。一周的坚持初见成效,小左变得沉稳自律了,台下的同学见证了他的改变,献上了热烈的掌声。班会课上的小左自信的演讲也被我录下来发给他的父母,他们的欣喜之情溢于言表。

风波平息

临近暑假,我给身为非独生子女的同学布置了一道特殊的暑假作业:列一张跟兄弟姐妹共同执行的、为期一周的假期计划表,学会一项互相照顾的技能,发现对方身上的闪光点,最后附上父母的一句话短评。

小左每天第一个打卡:第一天带弟弟一起打篮球,他拍下了弟弟的笑脸;第二天兄弟俩在父母的陪同下骑车,虽然满头大汗,但他们脸上的笑容依然灿烂;第三天是教弟弟背唐诗,原本成绩偏弱的小左在此时也像个小先生了;第四天、第五天……计划执行得很顺利,假期班级圈里满是同学们分享的趣事、照片。

二胎政策实施后,越来越多的大孩升入初中,面对学业压力和家庭关系,他们有时陷入泥潭,走向放任自流,需要班主任用智慧和耐心引导,在他们愤怒伤心的时候给予抚慰,在他们迷茫无助的时候指引方向。让孩子和家庭成员的隔阂在沟通、活动中渐渐消失。教会孩子接纳、感恩、理解、包容,认清自己在家庭的定位和肩负的责任,成长为阳光、正直、灵动的少年!

为你撑伞再遇"天晴"

吴婷娜

壹·突如其来

"老师,小天又生气了! 他还把课堂作业本给撕了,在那里闹脾气呢!"

"他不小心把自己课堂作业擦破了,就生气了……"

"老师,我们想扶他,他还要打我们!"

……

我连忙起身冲进教室。只见小天竟瘫坐在地上,泪水混着口水淌湿了衣襟。一旁的椅子侧翻在一旁,书本撒了一地,被撕下来的那一页纸早已被揉成一团。他的双手紧握,一拳一拳地砸向地面,也一击一击地捶打着我的心。

教室里的哭声,窗台外的雨声,哗啦啦地冲走了天晴。

小天原本是个人人喜欢的"好好先生"。刚入学,在别的孩子还在因为丢三落四而受批评时,他就能主动挑起劳动委员的大梁,将小组的劳动工作安排得井井有条,自己也总抢着多干些。而且,他在学习上更是让人放心。可是,这段时间,他就像变了个人,稍有点不顺心就会崩溃大哭,作业完成质量也急剧下降。这已经是他这段时间来第三次突如其来的"大暴雨"了。

我不禁纳闷,原来那个脾气好、做事有条理的小天怎么就变成了"小炸弹"? 这究竟是怎么一回事呢?

贰·追根溯源

待小天情绪稳定下来，我试着和他谈心。可是他却眼神空洞地望向一处，怎么也不愿开口。我相继找了小天平日在班级里最要好的朋友和其他任课老师，可谁也没能说出个所以然来。

我又拨通了小天妈妈的电话："小天妈妈，最近一阶段我发现小天他的情绪不太稳定，今天闹情绪撕了课堂作业。我想了解一下他最近在家表现得怎么样啊？"

电话那头沉默了一会儿，才传来小天妈妈的声音："吴老师，要不我来学校一趟吧……"

……

"吴老师。"

我一扭头，就撞上了小天妈妈哭红的双眼。眼前的小天妈妈带着灰蒙蒙的雨气，雨珠顺着鬓角的发丝流过突出的颧骨，砸湿了藕粉色的上衣。她分明比之前瘦了一圈。

我给她倒了杯水，招呼她坐下，先平复平复心情。

原来，小天的爸爸中风偏瘫，虽然恢复得不错，但生活还不能自理。小天的妈妈从一个偶尔做点手工编织品出售的家庭主妇，到现在需要被迫外出工作补贴家用。她时常感觉压力大，对小天没有耐心，会冲着他吼。生活的铁锤一下子就给这个原本就不富裕的家庭以重重的一击。

我也明白了小天的转变是为何，决心帮他一把。

叁·多方共育

从这天开始，我更加留意这个可怜的孩子。在尊重和理解的基础上，助力情绪排解，探索合理解决问题的办法。

我预约了学校心理辅导站的老师为小天做心理疏导，请她一起为小天撑起一把心理伞。

想到开学初他没订点心，我开始省下自己中午在食堂拿的水果，变着法子奖励给他。班主任会议上，询问到学校里还可以申请给家庭困难生的补贴，我立马联系小天妈妈为他办理申请。我要尽我所能地为他撑起一把物质伞。

班级召开了挫折教育、情绪管理系列主题班会，成立了"避雨小屋"。学生遇到生活中大大小小不如意的"雨"，都可以诉诸笔端，一并投入"避雨小屋"，由小屋管理员定期打开小屋，和我一起为大家排忧解难。

在孩子们犹豫"选谁来当小屋管理员"时，我把目光投向小天。

他像领悟到似的，自告奋勇地举起了手。

随着"避雨小屋"避"雨"人数的增加，班级同学自发地组成两支"避雨小队"，跟着小天一起替其他同学解决烦恼，撑起一把把互助伞。班级同学脚扭伤了、学习上碰着难题，同学间闹小矛盾了……只要有"雨"，总少不了小天和"避雨小队"的身影。

在和小天妈妈的一次交流中，我得知了避雨小队的小雅无意间知道了小天家里的情况，竟组织了避雨小队的两名队员，在周六上午借着"一起写作业"的名义到小天家帮助小天照顾他爸爸。小雅的妈妈正巧在社区工作，她和社区其他的工作人员一起走访了小天家，更是为小天妈妈介绍了一份上班时间较为灵活、方便照顾家庭的工作。

互助小伞，从学校走向了社区，撑到了小天家。

小天妈妈也在和我约定好会努力调节好自己的情绪状态，每天再忙都要保证至少十分钟的"亲子时间"以后，她每天会抽时间跟孩子聊一聊这一天，听孩子说说学校里的事情，并坚持在家校联系本上用一句话记录，为小天撑起一把亲子伞。

肆·邂逅转变

在大家爱的陪伴下，小天也在努力收起他的"大暴雨"。虽然这一路并不是很顺利，但是小天的情绪暴雨从一个月三次到一个月一次、从肆无忌惮到主观隐忍控制，一点一点在变好。

"老师，你看！这是我在家长课堂上折的小伞，"小天笑脸盈盈地冲我跑来，两弯笑眼满是澄澈，"正好可以当避雨小屋的门牌！"他肉肉的小手恨不得把手里的小伞举得再高些。"不愧是小屋管理员！时时刻刻都想着我们的'避雨小屋'！"我赞许着拍了拍小天的肩膀，正好瞥见窗外多雨的天，雨渐渐小了，空气里似乎有一股清新的味道。几缕阳光刺透氤氲的水汽。对面楼外，雨点从房檐落下，滴答滴答，溅起一朵一朵可爱的小水花。

天好像又晴了。

班级的孩子就像是一株株娇弱的小芽，在他们漫长的成长过程中很有可能遭遇各种突如其来的暴雨。此时此刻，我们应当用陪伴与智慧为孩子撑起一把把伞，为他挡去暴雨的无情，留下雨水的滋润，引导孩子勇敢乐观地应对挑战，陪伴他们再遇天晴，在挫折中成长。

我是你的专属加油站

方杨辉

陶行知先生说:"看他开花,看他成熟,这里有极大的快乐。"真正热爱孩子,你就会懂得,与一段蓬勃的生命共生,共成长,是多么幸福!情不知所起,一往而深。

2019年我正式加入班主任这个太阳底下最光辉的行列。近三年的教学生涯中,我曾有过浅尝甘霖的欣喜,有过屡遭挫折的苦恼,有过不眠不休的焦虑……打开记忆的闸门,一幕幕浮现在眼前。

曾经的"抑郁王子"

"方老师,我感觉我活在这世界上没有意义。"

"天天被打被骂!他每次都打我巴掌,我妈还被打出血,我也受伤了,我忍不了了!"

"门锁都拆了好久了,他每一分钟进来一次,我受不了了!"

"忍受下去吧,我别无选择,我活该,我自作自受,自讨苦吃……"

"家里也熄灯了,他们也不想要我了吧……"

那是2020年11月6日晚……

一段打架吵架对骂的音频在QQ对话框里跳动了起来,是一份来自孩子的救助……

小赵同学情绪极其低落,哽咽着、抽泣着,这是我第一次听到外表高冷的小赵的哭腔,从声音中能感受到他的悲伤和沮丧。

我仔细地听了他发给我的长达10分钟的录音,在语音中隔着屏幕,我仿佛置身于现场,那来自父亲的咆哮"你小小年纪不好好读书,天天不知道在干吗!""你天天说自己压力大,别在这糊弄我! 就是借口!"还有那彼此推搡的声音,都表现出亲子之间发生了巨大的冲突。这一句句冲动的话好似一把剪刀扎在了父子之间。

"你站在原地! 我来找你!"我一下子从床上跳了起来,迅速穿好了衣服,甚至都没发现袜子颜色不一,以最快的速度开车抵达小赵家楼下花园。

"你怎么穿这么少!"我有点生气地说,边说边把外套脱下来让他披上,把手上的牛奶递给他。我知道此刻的他多么需要温暖,哪怕是并不合身的外套、小小的一瓶牛奶。就在那一瞬间,我看到了他的眼泪,那一颗感动的、触动内心的珍珠划过他稚嫩的脸庞。我与他并排坐着,听着他的"发泄"。此刻的他犹如迷途的船只有了暂时的港湾,他不再那么歇斯底里,也不再那么毫无生机。

"其实,我知道他是为我好,希望我不要像他那样没有文化。我知道,知道……"

"是啊! 亲子之间哪有隔夜仇,你们是最亲的人啊,你是爱他的,他也是爱你的! 你们只不过需要正确处理彼此的冲突。"我轻轻说道,内心暗自庆幸小赵其实懂得父母的爱。那这冲突就可以解决,就有突破口。

我与小赵声情并茂地说了我青春期和家长的"爱恨情仇",当然有夸大其词的表述。听了我的故事,小赵很惊讶:"方老师,你青春期也太叛逆了吧!"

果真,他已经开始产生共鸣了,我抓紧说道:"是啊,但是我会主动和我爸妈沟通,沟通是最好的方法,所以我们之间的冲突不会隔夜,现在我和我爸妈的关系非常好!"

"那我们能不能先回家,回家主动和父母沟通,能不能不动手? 能不能给予必要的信任? 能不能不只是关心成绩? 能不能去练体育?"

小赵用力地点了点头,那力度体现了发自内心的认同。我陪着他回了家,家里没有人,原来父母也去找他了。我打电话告知了小赵父母并一起协调了彼此间的冲突矛盾,达成了不动手、给予必要信任、多关心心理、继续练体育的协议。

那一刻小赵笑了,小赵父亲也笑了,两颗倔强但相向的心终于发出了光!

后来的"二级运动员"

"小赵这次回来训练完全变了一个人!"

"小赵通过了校级选拔,可以去参加区级比赛啦!"

"小赵前两天在俱乐部测试穿胶鞋已经跑出二级运动员的水平啦!"

后来的小赵,继续进行体训,每天跟着体育老师训练,一圈圈地练,假期也坚持早训,身子骨酸疼也依旧坚持。

我经常能看见他一瘸一拐地走路的样子,他总是笑着说:"这都是成长的痕迹! 这个疼熬过去后面一定会甜!"这样的话在小赵嘴里冒了出来,真好! 他不再是曾经的抑郁王子了,他充满了生命力,充满了对未来的希望! 他身上满满劲儿!

果真皇天不负有心人,经过日复一日的坚持训练,最终小赵在2021年区运动会中一举跑出第二的好成绩。这对于他自己和家长来说是多大的肯定与认可啊! 家里不再充满硝烟味,父母不再一个劲要求他考出优异的成绩。换个角度,换个评价,原来他就是一颗金子,正在闪闪发光呢!

后来,偶然一个傍晚,他训练完来食堂吃饭,我端着我的餐盘和他拼桌。

"最近和父母关系怎么样? 有没有不开心的啊?"

"还不错,都没吵架,爸妈都全力支持我体训,每天都很心疼我,我们之间的沟通越来越多了,周末我们还会一起出去玩!"

此刻,便是最好的关系,因为父母的相信与肯定是最大的加油站!

初三那年的区运动赛中,小赵稳定发挥,跑出了400米前三名的好成绩,顺利地作为特长生进入了杭四江东,实现了飞跃。

"谢谢方老师,我们小赵走了一条适合他的路,我们之间也变成了'好兄弟',这都得感谢你的帮忙!"小赵爸爸特意来找我致谢。

其实,我只是做了一个班主任最常规的事情,我只是将心比心,把两个最爱彼此的人拉在了一起,用善于发现美的眼睛挖掘到了小赵的专属美丽。

但我也偷偷为他们做了很多,我固定每月和小赵爸爸进行沟通,提供有效的亲子沟通方式和亲子娱乐好去处,做小赵爸爸的"智囊团"。我经常询问小赵的教练,从训练状态、比赛状态、潜力激发等多种角度了解小赵的最新情况,及时送去鼓励与加油。我总会在教室里关注那一个身影,用我的关心默默助力他健康成长。

冲突是成长中不可避免的部分,在亲子冲突中没有谁输谁赢,如果不处理好只有两败俱伤,智慧的处理冲突可以帮助亲子增进关系,让他们更懂得如何去相处。

未来的"青春奔跑者"

毕业后,他来学校看我,我猛然发现那时候的抑郁王子已经变成了一个小大人,他懂得人生的方向,设定了三年计划、五年乃至十年的计划。

听到他那一句:"方老师,那时候的我让你操心了! 是我不懂事,那时候你的劝服才让我现在可以走我喜欢的体育道路! 让我期待回家!"顿时,我感觉到了育人于点滴的魅力,或许在那时候小赵和小赵爸爸彼此关系不是最亲密的,但亲人永远是小赵最大的加油站,只要他累了、倦了,家一定会给他一个温暖的微笑,一个大大的肯定,以及一个充满希望的奔头。

换个角度,看到不一样的闪光点,建立良好的亲子关系,让孩子有温暖的体验,他们才会被赋予自由、独立、完整的人格,时刻保持对世界的好奇、对万物的敬畏、对生命的热爱。

父母与子女血脉相连、彼此相爱,最亲的人。来自父母的相信与肯定是最大的加油站! 让亲子关系升温,相伴一路前行,去奔跑、去成长、去飞翔!

缺爱的孩子爱狂飙，
如何才能让他的人生驶入正常道？

董 莎

一、课堂上狂飙的男孩

"董老师，小汪又在自习课上玩手机，被我发现了。"搭班老师的这条信息让我彻底懵了，开学不到一个月，这已经是小汪第三次被发现上课带手机了。之前被发现带手机到学校后，我对他请过家长，约法三章，他本人也在我和他父母面前信誓旦旦地承诺不会再带手机到学校，但这次他又犯了老毛病！这次又该如何处理呢？批评一顿？再次请家长到学校？给处分？面对这样一个屡教屡犯的学生，我犯了难。

目前的情景不由得让我想起小汪的过往。接手这个班之前，我就听说过他的事迹：脾气很大，不遵守校规班纪，上课睡觉，和老师在课堂上公开爆发冲突，用脏话骂老师，和同学们的关系也较为紧张。我刚开始接手班级的第一周，就发现了他上课玩手机，被我收掉手机后，他怀恨在心，就故意违反班规，和我正面产生过冲突。总体来说，他是一个较为棘手的学生，这对我这个新手班主任来说是个不小的挑战。目前最紧急的是如何解决手机问题。思考良久，我决定将小汪叫来我办公室。

"有什么话想要对我说吗？"我问小汪。他耷拉着脑袋，沉默了一会儿。

"这次，你觉得董老师应该怎么处理？"我继续问。他依然不说话。

"还记得我们上次的约法三章吗？"我拿出上次他当着他妈妈和我的面写的"约

法三章"。"你自己说如果再次带手机到学校会怎样?"我继续问。

"停掉晚自习一周,写书面检讨一份,并当着全班同学的面读出来。"终于,他说话了。"既然你知道,那我们就要有契约精神,按照约定做。"于是,就这样,这件手机的事暂时被这么处理了。看着他走出办公室的身影,我知道他肯定会再犯的。

我觉得事件不能这么结束,惩罚不是目的,找到他这么做的原因并寻求对策才是正道。想到这里,我开始想深入了解他。

二、紧张的亲子关系

为了尽量全面了解小汪同学,方便我之后工作的开展。我找了他父母和他以前的老师。

"小汪这孩子性格较为自我,控制不住情绪,容易偷懒。但学习天赋较好,人很机灵。"以前教过他数学的班主任赵老师如是说。

和父母的沟通中,小汪妈妈交流较多,从小汪妈妈处,我得知孩子和爸爸关系较为疏远,很少沟通,有段时间甚至拒绝和爸爸沟通。问及原因,小汪妈妈才支支吾吾说道:"他爸爸性格急躁,经常对孩子采用棍棒教育,长此以往,父子关系变得较为紧张。"问到手机问题,她妈妈表示在家里小汪只有一部老年机用于和家里保持联系,平时在家很少被允许使用智能机。小汪妈妈还告诉我,小汪可能由于学习较差,存在自卑甚至自暴自弃的心理,孩子在发脾气时会对父母说出"我知道你们觉得我是个废物"这样的话。

了解到这些情况后,我认为是时候和小汪同学来一次真诚且心平气和的交流了。一开始的谈话并没有我想象中的顺利,小汪低着头,仍旧不说话。

"董老师,我父母对我是不是很失望?"没想到小汪问我的第一句话是这个。"我这次把手机带到学校后,我爸说我是扶不上墙的烂泥。我知道他们不喜欢我,所以才会喜欢我弟弟。"小汪继续和我说,这个时候他的眼睛已经红了。

"他们总想控制我,无论什么事情,他们都要知道。连我交什么朋友,对方父母是干什么的,他们也要管。"

感觉到小汪慢慢敞开心扉后，我开始问他为什么要连续带手机到学校。他说："爸妈越不让我做的，我偏要做，而且还要更出格，反正他们也不在乎我，只喜欢我弟弟。"和小汪的对话让我想起了他妈妈说过的话："每次小汪在家和父母的关系紧张时，在学校就会变得异常暴躁。"看来，小汪和他父母的矛盾对小汪的性格和行为有很大影响。而长期学习较为落后和控制不住自己也是让他自卑的重要原因。

三、各方联动的合力

知道小汪问题的症结所在后，我便一直冥思苦想如何才能在当起小汪和他父母感情的黏合剂的同时，重塑他的自信。

时机终于被我等到了。期中考后学校召开家长会，家长会前一天，我特意打电话给小汪的爸爸让他务必参加。会议正式开始前，我请每位家长都给自己的孩子写一封信，信件内容可以是对孩子想说的话，也可以是对孩子的祝福。我承诺在班会课的时候随机选择信件朗读。小汪爸爸果然来了，这封信，他写了很久。

家长会上后的一周班会课时，我"随机"抽取了小汪的名字，在全班的面前读了这封信。

"儿子，你第一次咿呀学语叫我爸爸，第一次在厨房炒菜，第一次爸爸带着你去海边玩，这些事情好像发生在昨天，突然你就长这么大了，差点比我高了……"信件篇幅不短，语言平实，但朴素的语言间叙述了小汪成长过程中许多有趣的事，尽显一位父亲对儿子的关心。

"爸爸也是第一次做爸爸，不知道怎么才是好的教育方式，随着你长大，我也越来越不知道怎么和你相处，怎么参与到你的生活，所以爸爸才会想知道你的一切……"听到这封信时，小汪头低着，我看不清他的表情，但我知道他一定在认真听。看得出这封信给他的触动很大。班会课结束后，我便私下找到小汪，告诉他在家长会时，他爸爸主动找到老师们关心他的成绩，并且询问老师怎么提高分数。"你看，你爸爸一直在关心你，从没觉得你是废物。"听到这话，他抬起头来，他的眼睛红了。

那天回家后，我收到小汪爸爸发来的短信，通过短信我知道他们父子的关系在那次家长会后缓和了不少。这个时候我适时建议小汪家再召开一次家庭会议，就小汪的手机问题讨论出一个具体可操作的措施，具体可以包括使用时间、使用频率和手机的保管问题。第二天，小汪告诉我他的手机放在爸爸那里，可以在周末完成作业后使用手机，平时不玩，还给我看了他们的家庭契约。看着小汪的样子，我心里着实为他高兴。

小汪和父母关系有所缓和，在学校明显地和老师同学的冲突少多了，但仍经常给班级扣分，扣分原因以上课睡觉居多。于是，我专门找了一天坐在教室后面观察小汪的课堂表现，发现小汪经常在数学和科学这两门课的课堂睡觉，但在文科课堂中，却思维活跃，举手回答问题很积极。

对于这样的情况，我便在召开任课老师会议的时候就小汪的情况和任课老师达成共识。针对小汪在理科课堂上睡觉的情况，让理科老师上课时对他多关注、多点名，用他最在意的个人积分鼓励其上课听讲。但小汪上课睡觉的真正原因在于他基础差导致对理科丧失了信心，所以还是要从内心深处唤起他对学习的兴趣，产生信心。

一个多月下来，我发现小汪天赋不错，反应灵敏，对于我提的很多问题，都能较快回答出来。因此，我便经常在我的课上让小汪同学当小老师，讲解题目，讲到精彩处，便在全班同学面前大力表扬。明显地能感受到，小汪在听到表扬时，眼睛里闪着光。与此同时，我也将小汪在课堂中举手的样子和讲解题目的视频拍摄下来，发至家长群中，将其塑造为学习榜样。在不断鼓励下，经常不做作业的小汪预习作业完成得又认真又优秀，甚至被我当成模范作业在全班展示，在家长群中也能看到其他老师对小汪的点赞。最让我惊喜的是，数学老师告诉我一向最惧怕数学的小汪竟然开始做数学的自主作业，上课睡觉的现象也少了很多。

四、反思：以三心出发

小汪现在偶尔也会给班级扣分，但扣分后，他会第一时间找到我向我说明情况并反思自己。小汪也并不完美，但我觉得他已经有很大进步了。其实，我也经常在想,为什么小汪会有如此大的改变?我想应该离不开以下几个方面。

1．爱心出发,以鼓励赞赏的方式,激发其潜能

爱是教育的起点。当孩子生活在充满爱的集体中,感受到别人的肯定和爱时,他们也会更加容易接纳自己、相信自己,并容易激发自己上进的信念,希望更好地展现自己、证明自己。所以,让孩子感受到别人的爱和肯定,唤醒向上的内在动力,激发自身的潜能,是一切教育行为的基础。

2．细心沟通,以家校互联的合力,陪伴其成长

在教育这件事上,我们同样不应该忽略家庭的作用。在小汪的身上,我看到了一个良好的家庭氛围对于孩子成长的作用。在和家长和孩子的相处过程中,老师一定要会做感情黏合剂,在适当的时候出手,和家长保持密切配合,及时沟通,相互支持。

3．耐心等待,以持之以恒的态度,静待其花开

作为教育工作者,不能过于心急和功利,过于心急可能会挫伤学生的积极性,不利于他们的成长和转变。我们需要做的就是在这个过程中保持耐心和爱心,遇到问题时既不过分苛责学生,也不过度埋怨自己;问题发生之后,积极探求原因,寻找对策才是最有效的解决方式。

我相信,当我们用互联、互动、互信的理念,以及爱心、细心、耐心的态度,浇灌祖国花朵时,他们一定会茁壮成长,美丽绽放!

拥抱美好的我

王音子

故事的开端

来到一年级，我遇见了一群天使。他们会发自内心地、欢喜地对我微笑；会在班级门口等我出现，热情地跑来拥抱我，一层又一层……

渐渐地，班级的小男生们开始好斗好动，我也觉得很正常。打架是小男孩的天性，要是哪个男孩子太过文静而规矩，确实也少了一些乐趣。在如此"宽松"的环境下，小H"脱颖而出"，走进了我的视野。

小H其实也是这么一个可爱的孩子，爱凑热闹，爱管闲事，当我把他叫来身边的时候，他总会很紧张，不停眨巴眼睛，低着头，嘴角歪斜着，讲话很小声。

刚入学那一周，小H几乎很难端正地坐在椅子上，他的一双手总是在抽屉里游动，但是回答问题相当积极。偶有小朋友越过"三八线"，他一定睚眦必报，挥舞拳头。如果换作女生，他会使用吸引注意的小把戏，偷拽女生的头发，偷拿女生的文具或是把他们的东西扔在地上。值日的时候，他总是第一个跳出来热心帮忙，却把班级弄得到处是水，无法专注地做完一件事情。

几周后，任课老师向我抱怨，这个小小的瘦黑的男孩子能量太大，有点控制不住。他同桌的家长也微信私聊我，委婉地和我说能不能换一个同桌。

细叮咛：打开家长的心扉

其实很明显，这是一个被施了"多动症"魔咒的孩子。我清楚地知道如果不想毁掉这个孩子，一定不能给他"贴标签"。

我找来了他的妈妈，经过了解才知道，这个孩子在幼儿园的时候就有明显的变化，但是父母并不重视这个问题，认为这是男孩子的天性，长大了懂事就好，却没想到到了一年级变本加厉了。

我建议孩子妈妈带着他去医院做一个诊断，也安慰孩子妈妈只有接受了专业的治疗，孩子才会有好转，同时告诉孩子妈妈，也不要轻易认为这个孩子就和别人不同，我会和他一起守护孩子的。

大风吹：敞开同伴的怀抱

我们班的座位是采取小组围坐的形式，一定程度上大家都没有独立的同桌，也正是这样的座位在未来一直帮助他。

为了让班级孩子接纳他，我组织开展了"做美好的自己"的班级主题活动。活动启动前小组同学做了一个"大风吹"的游戏。游戏规则就是教师喊口令：大风吹。学生答：吹什么？教师：吹向×××的人。学生就要去拥抱小组内符合特征的人。

一开始我的口令很简单，"大风吹向扎辫子的女生""大风吹向穿深色鞋子的伙伴"……大家玩得很开心，场面一下就热闹起来了。我清清嗓子："大风吹，吹向最热情的人。"话音一落，大家想了一想，都去拥抱了小H。小H张大了嘴巴，咯咯地笑起来了。那些常常被他弄哭的女生也在哈哈大笑。我捉摸不透孩子之间的默契感，但我知道我一定达到了我想要的效果。

游戏结束后，我和孩子们说，今天你们拥抱了很多人，也被很多人拥抱了。这就是集体的力量。每个人各有特点，我们只有互相包容，才能得到更多"温暖的拥抱"。小H听得很认真，眼睛一动不动。我想这么有灵性的孩子一定知道我想表达什么意思。

接下来我在每个人的桌上都贴上了红卡片和黄卡片。红卡片上让孩子们写上自己要改正的小缺点。黄卡片由同伴来到座位前写上对方的优秀。一轮下来，每个人的黄卡片上都有满满当当的字。我特意去看了一眼小H的两张卡片，他的红色卡片中写着："不可以欺负同学。"

大声唱：赞扬的目光

接下来的日子中，孩子们都在努力争取黄色卡片上的赞扬。我和他们说缺点不好改，如果你改正了，那就是一件非常了不起、大家要一起为你庆祝的事情。从心理的角度来说，红色最刺激感官。那些写在红色纸上面的缺点，醒目又让小H警惕。

他开始有所收敛，但是依旧有放纵的时候。他坐不好的时候，我陪他一遍遍坐；他走路上蹿下跳，我就领着他一遍遍走；他爱扔东西，我就盯着他一个个捡起来。好在孩子们看我如此耐心，他们也有样学样，一遍遍耐心地教小H。

再过两周就要进行红歌合唱比赛了，我带领着孩子们抓住一切有空的时间排练，小H总是唱得很大声，也总是破音，没有轮到他唱，他也总是要唱。排练时，总有小朋友被逗得咯咯笑，音乐老师却有些恼火。我把他叫过来，和他说音乐老师特别关照你，想要单独培训你，但你需要懂得唱歌的礼仪和控制音量。他似懂非懂地点点头。

接下来的排练时光稍微平静了一些，转眼就到了合唱比赛的时候，大家又兴奋又紧张。他们站在舞台上，身姿挺拔，目光炯炯有神，一副要拿冠军的样子。刚开嗓，一声轰隆巨响，音响灯光戛然而止。孩子们都乱了，身体左摇右晃，当老师开始安抚孩子们的时候，我注意到平常爱动的小H一动不动，好像一直屏着气，小脸通红。音响接通后，孩子们的气势明显弱了很多。小H在人群里虽然还有破音，但他仍旧大声地唱着。或许其他孩子也受他影响，渐入佳境地完成了演唱。

回来后，我大大地表扬了小H。

"你们别看他经常调皮，关键时候绝不掉链子。今天合唱的时候他一动都不动,唱得最响亮,这样的人最厉害,我们全班都要为他鼓掌!"

小H在热烈的掌声中,埋下了头⋯⋯

未　来

在和他相处的时间里,我试了好多种方法,我很欣喜他正在一点点变化,孩子们也在逐渐接受和包容他。相信未来的某一天他会学会拥抱自己和拥抱他人。

苦 难?

——甜蜜!

冯小媛

"亲爱的爸爸妈妈,谢谢你们在艰难的生活中陪着我度过这漫长的苦难。"这句话出现在小学生的笔下,你是不是觉得很诧异? 是的,我亦是如此。

马上要开家长会了,为了方便家长找到自己孩子的座位,个性台签就诞生了。刚好碰上感恩节,孩子们在台签上写几句话,表达自己对父母的感恩之情。当小博把设计好的台签交到我手中的时候,我习惯性地读了读,检查孩子们语句是否通顺,有没有错别字,于是我便看到了前面提到的那句话。看到这句话的第一眼,我只觉得好玩,想着孩子许是从哪里看到了这句话,便写下来了。身边又刚好没人,我就笑着问小博:"小博,你小小年纪知道什么是苦难呀? 你真的觉得生活苦吗?"小博腼腆一笑,点点头。这一点头,让我心头一惊,轻声问道:"你觉得生活哪里苦了?"小博低头不语。我整理了一下他的着装,轻柔地问:"冯老师想听你说说,或许有什么能帮到你呢。"然后等待着……

"爸爸经常会受伤……"

我知道孩子爸爸是做装修的,追问道:"最近也受伤了吗?"

"是的,最近他的背受伤了。"

"严重吗?"

"能走路,但不能干很多活。"

"嗯,所以你很心疼爸爸,对吧?"

小博红了眼眶,点点头。

"那妈妈呢? 妈妈的工作还好吧?"

"妈妈经常被针扎到……"还未说完,孩子的眼泪便涌出了眼眶。

我知道孩子妈妈是在制衣厂工作的。看着眼前这个孩子，那么小便会心疼自己的父母，我很感动。已经成人的我们深知，有太多的人在为生计奔忙，没有一项工作是容易的，没有一分报酬是轻易可得的。此刻不宜再问太多，我安慰道："老师知道你是个懂事的孩子，爸爸妈妈碰到的问题，都是他们能承受的。你不用担心太多，好好学习，每天开开心心，这样，爸爸妈妈就会很满足了。"

小博似懂非懂地回到了自己的座位上。

那么小，却那么懂事，真是让人心疼。怎么才能帮助到他呢？转眼到了放学时间，小博正背着书包打算排队回家。我叫住了他，并往他手里塞了两根棒棒糖，看着他的眼睛，笑着说："当你觉得生活苦的时候，吃根棒棒糖，你会发现生活还是很甜蜜的。"孩子的眼里闪着光，脸上展开了灿烂的笑容。我看到他是碰着跳着去排队的，我知道，此刻他的心里是甜蜜的。

星期六，接到小博爸爸的电话，他开口就问："冯老师，小博最近在学校表现怎么样？听妈妈说，他这两天特别开心。但妈妈又说不清楚，我在外面出差，所以想问问你。"我跟爸爸交流了一下孩子最近的学习情况，并把这件事也一五一十地告知了他。电话那头的爸爸沉默许久，说道："小博是个懂事的孩子……这件事情真的特别感谢你，冯老师。"

我们在孩子心头种下的爱的种子，是会有意想不到的收获的。在平常的教学中，我们老师多一分细心和关怀，会就能让他们在甜蜜的氛围中健康成长！

后　记

　　浙江师范大学附属杭州笕桥实验中学原名杭州市机场路中学,创办于1990年,是一所地处城郊的公办初中,办学规模18个班级,办学条件也相对简陋。但是,艰苦创业的开校者们用纯朴的师爱奠定了这所学校浓重的文化底色。老师们把家长学校办到村里,班主任为了保证每一个孩子能接受好的教育一次次走家串户,甚至来到田间地头,用自己的耐心劝导每一位家长,用自己的诚心打动每一个学生,用自己的爱心编织出这所学校的精神空间,校园内弥散着简单、真诚、淳朴的师爱。

　　进入21世纪,由于种种原因,学校的发展陷入低谷,一度陷于难以生存的窘境,主要表现在生源的大量流失和办学质量的快速下降,学校75%的学生来自外来流动人口子女,教学质量在全市处于末端,学校的美誉度和信任度出现前所未有的危机。面对发展困境,学校再一次聚焦师爱的文化基因,提出"让教育更有温度地落地",发动全校师生讲述能拨动我心弦的故事、寻找身边的感动,开展"知道感动、学会感激、常怀感恩"等主题活动;创建博约书院,开展博约故事会、博约万里行、博约大讲堂、博约经典诵读等系列活动;隆重举办感动人物的颁奖盛典,传播学校的感动故事,学校涌现了很多流传至今的感动故事和经典案例,校园里再次流淌着温暖、平等、民主的师爱。

　　2007年,为了彻底摆脱落后、薄弱的办学局面,学校决意断臂求生,聚焦课堂主阵地,以大面积提高育人质量为目标,以提升学生的"内生力"为抓手,打造"内生课堂"。历经15年持续探索,在生源基本不变的情况下,教学质量跃居全市前列,学生综合素养全面提升,办学规模不断扩大,走出了一条大面积提高初中育人质量的实践路径。中央电视台、中国教育电视台、中国网、学习强国等媒体,《中国教育报》等报纸专题报道百余次,《人民教育》《中国德育》等高水平期刊刊登教研论文十余篇。成果获浙江省基础教育教学成果特等奖和第三届国家教学成果二等奖。内生课堂的实践探索聚焦的是课堂变革,改变的是育人模式,收获的是学生发展、教师发展和学校生态的根本改变,这其中更有许多彰显内生理念的育人故事。本书从中辑录的56个真实故事,都来自内生课堂建设的第一线,故事的讲述者既有经验丰富的老教师,也有朝气蓬勃的年轻人,还有共同成长的学生家长,故事力求真实、自然、贴近生活,这些故事既是学校教学改革的成果,又是家校协同成长的作品,更是内生理念下一所薄弱初中依托家校协同,实现快速逆袭,成为全国新样态窗口学校的标签和缩影,内生的笕实校园内溢满了柔软、多元、智慧的师爱。

2019年,浙江师范大学附属杭州笕文实验学校开校,笕文实验学校和笕桥实验中学实施一体化办学,我们把整个学校分设为彬文学部(1—4年级)、雅文学部(5—7年级)和博文学部(8—9年级),创校伊始便确立了"根植于中国的土壤,成长为世界的风景"的办学愿景。于是,彬文学部便成为笕文校园内一道亮丽的风景线,彬文人用科研的思维、善治的理念、师爱的智慧开启了家校协同育人的实践研究,确立了"信、放、爱"为支点的行动路线,紧紧围绕家校协同课程的开发与实施,聚焦学生成长环境的改进,充分发挥学校的主导作用,积极调动家庭的支撑作用和社会的保障作用,仅仅4年时间,便积累出350万字的育人经验,成为全国立德树人落实机制的优秀案例,这也让笕文师爱的智慧和艺术更加高端、开放和全面。

本书编写的过程中得到了浙江师范大学田家炳德育中心常务副主任查颖教授、北京师范大学薛二勇教授、江苏省教科所原所长成尚荣先生的支持和具体指导,在此表示感谢;杭州师范大学周俊教授对本书的策划、设计和内容都给予了具体指导,在此一并致谢;华东师范大学教授、中国教育学会副会长袁振国先生对笕实和笕文的发展非常关注,几次亲临学校调研指导,又在百忙中为本书作序,在此深表敬意。本书的编制由孙婕副校长、谢开源副校长主持,高琼负责统稿。

由于编者的水平有限,难免出现这样或那样的错误,敬请谅解。

高 琼
2023 年 6 月 18 日于杭州

后
记